Marco Hocke

Einmal Jungsteinzeit und zurück
Das Projekt Ötzi-Walk in NRW

Marco Hocke

Einmal Jungsteinzeit und zurück

Das Projekt Ötzi-Walk in NRW

J.P. BACHEM VERLAG

Bildnachweis

Titelabbildung: picture alliance/dpa, Foto: Bernd Thissen
Archäologisches Freilichtmuseum Oerlinghausen e.V.: Seite 51
Carla Bleiker, Deutsche Welle: Seite 178
Jürgen Vogel, LVR-LandesMuseum Bonn Seite: 21, 70
Alle übrigen Abbildungen: Lukas Heinen

Das Buch entstand mit freundlicher Unterstützung des Ministeriums für Bauen,
Wohnen, Stadtentwicklung und Verkehr des Landes Nordrhein-Westfalen

Ministerium für Bauen, Wohnen,
Stadtentwicklung und Verkehr
des Landes Nordrhein-Westfalen

Bibliografische Information der Deutschen Nationalbibliothek
Die Deutsche Nationalbibliothek verzeichnet diese Publikation in der
Deutschen Nationalbibliografie; detaillierte bibliografische Daten
sind im Internet über http://dnb.dnb.de abrufbar.

1. Auflage 2017
© J.P. Bachem Verlag, Köln 2017
Lektorat: Brigitte Lotz, Bochum
Gestaltung: Petra Drumm, Köln
Druck: optimal media GmbH, Röbel/Müritz
Printed in Germany

ISBN 978-3-7616-3179-9

Aktuelle Programminformationen finden Sie unter:
www.bachem.de/verlag

Vorwort

Zwei Wochen, drei Wanderer und über 270 Kilometer quer durch die Kulturlandschaft Nordrhein-Westfalens. Damit ist das Projekt des LVR-LandesMuseums Bonn gut umrissen, das im August 2015 begann und unter dem Motto „Ötzi-Walk" bekannt wurde. Was anfangs als kleine Forschungsreise geplant war, entwickelte sich schnell zum Marketing-Schlager für die Landesausstellung „Revolution Jungsteinzeit". Diese Ausstellung beschäftigt sich mit den ersten sesshaften Menschen, die vor rund 7000 Jahren unsere heutige Zivilisation begründeten und unsere Welt revolutionierten.

Um die Bedeutung und die Veränderungen dieser Zeit besser zu begreifen, schlüpfte ich zusammen mit meiner Frau Veronika und meinem Freund Lukas in eine Ausrüstung ähnlich derjenigen, die die weltbekannte Gletschermumie Ötzi getragen hat. Wir unternahmen eine Wanderung von Detmold über Herne nach Bonn, den drei Ausstellungsorten der Landesausstellung. Das Projekt wurde intensiv vom WDR und diversen anderen Fernsehkanälen begleitet. Aber auch Presse und Radio berichteten deutschlandweit vor, während und nach unserer Reise über unsere Erfahrungen und das Leben als „Ötzi-Walker".

Das Buch ist ein Erlebnisbericht, ein Selbsterfahrungstrip, ein Experiment zur Steinzeit und eine Erzählung über die Entwicklung unserer Gesellschaft – mit einer guten Portion Selbstironie und Witz. Es ist ein Bericht über das Glück einfach mal abschalten zu können, über nötige und unnötige Alltäglichkeiten und den Sinn und Unsinn moderner Errungenschaften. Vor allem ist es aber ein Buch über die Lust auf Veränderung und die Liebe zum Menschen.

Das Leben vor 7000 Jahren prägte unsere Gesellschaft viel eindrücklicher als bisher gedacht. Der „Ötzi-Walk" gab uns ei-

nen kleinen Einblick, wie es gewesen sein könnte. Zwar scheint sich unsere Welt von Tag zu Tag schneller zu drehen, doch bleiben unsere Bedürfnisse eigentlich immer dieselben. Auch heute noch sehnen wir uns nach Nähe, nach Sicherheit und nach Geschichten, die es wert sind, erzählt zu werden. Vielleicht gehört diese ja dazu.

Grüße vom Velmerstot

*Am Feuer im nachempfundenen jungsteinzeitlichen Haus
im Freilichtmuseum Oerlinghausen*

Das Feuer

Ich stehe nackt in diesem dunklen Raum voller Rauch. Es brennt, obwohl ich kein Feuer sehe. Nur diesen undurchdringlichen Qualm. Mein Bauch und meine Beine glühen vor Wärme. Rücken und Hintern sind zerschunden und bieten einen kläglichen Anblick. Das kommt vom Regen.

Regen – davon gab es heute mehr als genug. Er prasselte den ganzen Tag hernieder, durchnässte meine Ausrüstung, meine Kleidung, erfüllte letztlich sogar meinen Geist. Ohne Unterlass, ohne Erbarmen. Doch beginne ich besser am Anfang meiner, unserer Geschichte.

Ich bin nicht allein in diesem Raum, an diesem verrauchten Ort. Zum Glück. Zwei Schemen schälen sich aus der Dunkelheit. Einer gehört Veronika, meiner Frau. Der andere Lukas, meinem Freund. Das Leben ist einfacher mit Gefährten, die immer für einen da sind. Und dass wir hier beisammenstehen, macht mich glücklich. Wir sind auf Wanderschaft. Und obgleich wir unsere Route auf Karten und Plänen verzeichnet haben, ist mir heute eines klar geworden: Es ist für mich nicht nur eine Tour von hier nach dort, sondern auch eine Reise in die entlegenen Winkel meiner Seele.

Wie alles anfing

Die Geschichte begann mit einem einfachen Anruf. Am Ende hatte ich einen Job und die Aussicht auf ein tolles Projekt im LVR-LandesMuseum Bonn. Zugegeben, ich wusste nicht sofort, was mich erwartete. Aber es war Simon, ein guter Freund, der mich um Hilfe bat. Das allein zählte mehr als alle Informationen der Welt.

Es ging sofort los. Die Aufgabe war klar definiert: eine archäologische Landesausstellung NRW unter dem Titel „Revolution Jungsteinzeit" vorbereiten. Simon arbeitete bereits seit einigen Monaten daran. Eine ziemlich abwechslungsreiche und vor allem nicht alltägliche Aufgabe. Nicht dass es eine Rolle spielte. Aber es half, die gewöhnlichen Startschwierigkeiten zu ignorieren.

Eigentlich war mir die Archäologie in letzter Zeit etwas fremd geworden. Zwar hatte ich mehrere Jahre in diesem Bereich gearbeitet und war im Rahmen meiner Studienfahrten in viele Länder gereist, doch hatten mich weniger die verborgenen Stätten vergangener Zivilisation interessiert. Vielmehr war es das Leben selbst gewesen, das mich faszinierte. Projekte in Ägypten, der Türkei und in Teilen Europas hatten mich den dort lebenden Menschen und ihren Alltäglichkeiten nahegebracht.

Gesellschaften organisieren sich immer anders. Der Glaube, die Politik und oft auch die Geografie des Landes selbst lassen schnell Unterschiede erkennen. Doch egal, wie fremd Land und Leute scheinen, eines bleibt gleich: das Bedürfnis der Menschen nach Liebe. Doch ich schweife ab. Die Landesausstellung musste geplant werden.

Zur Jungsteinzeit hatte ich bisher nie den richtigen Draht gehabt. Das sollte sich jedoch schnell ändern. Simon war der Mann der Stunde. Er hatte es sich als Ziel gesetzt, etwas Einmaliges zu erschaffen: eine herausragende Landesausstellung, die Maßstäbe setzen sollte. Und er war auf einem guten Weg.

Simon ist ein sehr spezieller Mensch. Nicht, dass dies nicht auf jeden zuträfe. Doch es gibt keine Person in meinem Umfeld, die mit so viel Tatendrang und Energie aufwarten kann wie er. Wir kennen uns seit dem Studium und immer war er es, der sich mit Projekten eindeckte und sich bereits mit jungen Jahren einen Namen erarbeitete. Es spielte keine Rolle, ob man gerade zum Bau romanischer Kirchen forschte, ein Referat über römische Fibeln hielt, einen Artikel zur Ausbreitung der keltischen Kultur verfasste oder Fundstellen des Neandertalers kartierte. Simon war ein wandelndes Lexikon und stand immer mit Rat und Tat zur Seite. Zudem ist er ein wahrer Freund, der zuhört, wenn nötig und spricht, wenn guter Rat gefragt ist.

Die Jungsteinzeit nahm mich in dieser Zeit mehr und mehr in Beschlag. Das lag vor allem daran, dass sie entgegen meiner Erwartung von Tag zu Tag spannender wurde. Nach 2,5 Millionen Jahren stetiger Veränderung wurde der Mensch erstmals sesshaft, wurde Bauer und pflanzte Lein, Erbsen, Linsen und Getreide an. Dies geschah vor etwa 10 000 Jahren – nicht hier in Nordrhein-Westfalen, sondern in der Türkei, in Irak, Iran, Syrien, Jordanien und Israel.

Vom Jäger zum Großgrundbesitzer war es ein langer Weg. Doch nach und nach breitete sich das Wissen der Zeit aus. Über das Mittelmeer und schließlich Frankreich und Spanien vordringend oder direkt über die heutige Balkanroute nach Ungarn oder Deutschland kommend, erfolgte eine Einwanderung in zuvor unbekanntem Ausmaß. Wie brandaktuell das Thema war, sollte sich später noch herausstellen.

Diese Menschen zivilisierten das Gebiet des heutigen Europas und schufen die Grundlage für unser modernes Leben. Mit im Gepäck hatten sie Rind, Schaf, Schwein und Ziege sowie einen neuen, feschen Kleidungsstil, denn Textilkleidung war in unseren Landen bis dato noch unbekannt. Die Häuser, die sie bauten, waren keine kleinen Einzimmerappartements, sondern riesige Gebäude von bis zu 60 Meter Länge mit Platz für die ganze Familie. Im Winter ließ sich sogar das Vieh darin unterbringen. Die Jungsteinzeit ist eine Zeit der großen Erfindungen: Brunnenbau, Bergbau, das Rad und vieles mehr. Auf den ersten Blick liest sich dies vielleicht wenig spektakulär. Als würde ich einem Teenager die Vorzüge eines Festnetzanschlusses deutlich machen wollen. Doch was vor rund 10 000 Jahren seinen Anfang nahm, ist eine der revolutionärsten Veränderungen in unserer Geschichte. Der Mensch machte sich die Welt untertan.

Natürlich kamen uns während der Planungen zur Ausstellung Fragen in den Sinn, die sich nicht direkt beantworten ließen. Eine dieser Fragen beschäftigt mich auch heute noch: Wieso entschied sich der Mensch für ein Leben mit Haus und Hof? Die Jäger und Sammler lebten ziemlich entspannt. Ihr Arbeitspensum lag zwischen zwei und drei Stunden pro Tag. In der restlichen Zeit pflegten sie ihre Kontakte und frönten der Freizeit. Für mich hört sich das nach einem sehr schönen Leben an. Der Alltag der Bauern bedeutete hingegen Stress und Existenzdruck. Sie schufteten oft bis zu zehn Stunden am Tag. Das Feld musste bestellt, das Vieh gehütet und das Haus repariert werden. Zudem waren Getreide und Milch nicht gerade verträglich für ihre Körper, was übrigens bis heute Auswirkungen auf unsere Konstitution hat. Was also ist der Grund für diesen großen Umbruch? Natürlich kann die Sicherheit, dargestellt durch ein festes Dach über dem Kopf, eine Rolle gespielt haben sowie die Möglichkeit, durch eine perfektionierte Vorratshaltung ein Stück weit die Zukunft planen zu können. Und es erscheint selbst mir ein lohnenswertes Ziel zu sein, etwas aufzubauen und zu besitzen. Spießig, aber wahr. Doch es gibt eine weitere These, die sich lustig liest, aber gar nicht so verkehrt zu sein scheint. Bier spielte auch schon zur Zeit der ersten Ackerbauern eine Rolle. Am Göbkli Tepe in der Osttürkei fanden sich die ältesten Spuren dieses Gebräus. Doch um zu brauen, benötigte man Getreide und musste sesshaft sein. Ob das nun für das Leben eines Ackerbauern spricht, sei dahingestellt. Da wir dieses Getränk aber bis heute verehren, scheint es mir zumindest nicht falsch, eine Flasche zu köpfen und auf die ersten Ackerbauern anzustoßen. So, genug zur Ausstellung und den ersten Bauern. Beginnen wir mit der Geschichte.

Die Idee

Während der gemeinsamen Stunden mit Simon passierte viel. Die Wochen flogen nur so vorbei. Ein Tag im Februar ist mir jedoch bestens in Erinnerung geblieben.

Die Tür flog auf und Simon hinterher.

„Marco, ich habe eine Idee."

Simon hat so eine bezwingende Art: immer voll da, immer auf der Überholspur. Mit den Gedanken schon zehn Schritte voraus ist er eine Naturgewalt – stark und manchmal überwältigend.

„Schieß los!", lautete meine prompte Antwort. Heute frage ich mich, ob in diesem Moment bereits alles entschieden war. Dass mir eigentlich gar keine andere Wahl blieb, als gebannt zu lauschen und dann alle Hebel in Bewegung zu setzen, um ein wahnwitziges Projekt ans Laufen zu bringen.

„Wir machen einen steinzeitlichen Staffellauf von Ausstellungsort zu Ausstellungsort. Also von Detmold über Herne nach Bonn. Das wird eine Superwerbung und ein spannendes Experiment."

„Hört sich gut an."

„Wir brauchen nur noch jemanden, der das macht." Das Attribut „verrückt" fiel in diesem Zusammenhang nicht, soweit ich mich erinnern kann.

Wenn Blicke sprichwörtlich Bände sprächen, dann wäre das hier wohl der Fall gewesen. Jungfräulich wie das Mädchen aus Orléans war ich gefangen von dieser Idee, noch ehe ich es recht begriff.

„Naja, einer sitzt schon mal hier. Und ich weiß auch schon jemanden, der mich begleiten wird: Lukas!"
Ich kenne Lukas schon seit der Schulzeit. Er gehört zu den Menschen, die es lieben, in der Natur zu leben, ganz ohne die Annehmlichkeiten unserer Zivilisation. Eines ist sicher. Wenn es um Abenteuer und Erleben geht, ist Lukas mit von der Partie. Minusgrade im Sommerschlafsack waren nie ein Problem für ihn und Wandern ist seine Passion.

Die Zutaten für unser Rezept waren schnell skizziert:
Drei Orte: Detmold, Herne und Bonn, die drei Standorte der Landesausstellung
Die Route: 200 bis 300 Kilometer, teilweise mit dem Auto zurückgelegt
Der Zeitraum: zwei Wochen
Übernachtungen: noch offen; vielleicht Hotels oder Pensionen
Die Ausrüstung: normale Steinzeitkleidung kombiniert mit Outdoor-Ausrüstung

So weit, so gut. Nur, dass sich bereits eine Woche später alles relativierte und sich dann folgendes Bild ergab:
Drei Orte: siehe oben
Die Route: definitiv 460 Kilometer
Der Zeitraum: zwei Wochen!
Übernachtungen: draußen, wenn möglich im Wald, auf jeden Fall unter freiem Himmel
Die Ausrüstung: jungsteinzeitliche Kleidung bzw. Kleidung, die es in der Jungsteinzeit gegeben haben könnte
Zugegeben, ganz unbeteiligt war ich an diesen Änderungen nicht!
Danach fehlte nur noch ein Arbeitstitel.
„Wie wäre es denn mit „Jungsteinzeit in NRW"?"
„Na ja. Ein bisschen komisch, oder? „Neolithikum meets NRW", klingt gut, oder?"
So oder so ähnlich ging es noch eine ganze Weile hin und her.

Bis wir es aufgaben. Der Einfall kam mir, wie so oft, am stillen Örtchen. Mit dieser Idee ging es dann in die zweite Runde.

„,Ötzi-Walk' wäre doch erst einmal ein passender Arbeitstitel."

„Nicht schlecht. Ötzi kennt jeder, auch wenn der wahrscheinlich nie in Nordrhein-Westfalen gewesen ist."

„Die Wanderung und all das hier ist ja sowieso erst einmal nur so ein erster Gedanke, oder?'

Obwohl ich diese Frage ernsthaft stellte, war klar, dass es bereits viel mehr war als nur so ein Gedanke. Simons Blick hätte mich dessen versichern können, doch war mein Verstand an dieser Stelle schon im Ruhemodus.

„Ja klar. Wir schaukeln das schon", war die Antwort, die alles entschied.

Als ich an diesem Abend nach Hause kam, erzählte ich Veronika alles über das Vorhaben.

„Hört sich cool an. Für wann habt ihr das denn geplant?"

„Irgendwann im August, denke ich. Kurz vor der Ausstellungseröffnung."

„Da habe ich Urlaub. Kann ich mitkommen?"

Es ist gut, wenn man von den Menschen, die man liebt, Unterstützung bekommt. Noch besser ist es jedoch, wenn Dinge selbstverständlich sind und keine Erklärung benötigen. Ich hegte keinen Zweifel daran, dass Veronika das Projekt gutheißen würde. Dass sie sich jedoch von Leinenkleidung, Schafsfellen und Holzrucksäcken so leicht überzeugen ließ, machte mich viel glücklicher, als ich es mir zu diesem Zeitpunkt eingestand.

Die Route

Die Route war von Anfang an ein Problem. Ich wäre gerne von Detmold nach Bonn gelaufen. Doch Simon bemerkte, dass es drei Ausstellungsorte gäbe. Und somit war auch Herne ein wichtiges Ziel. Endlose Diskussionen und viele Klicks später gab es zumindest ein vorläufiges Ergebnis. Die Strecke belief sich auf mindestens 320 Kilometer und führte ins Herz der Zivilisation.

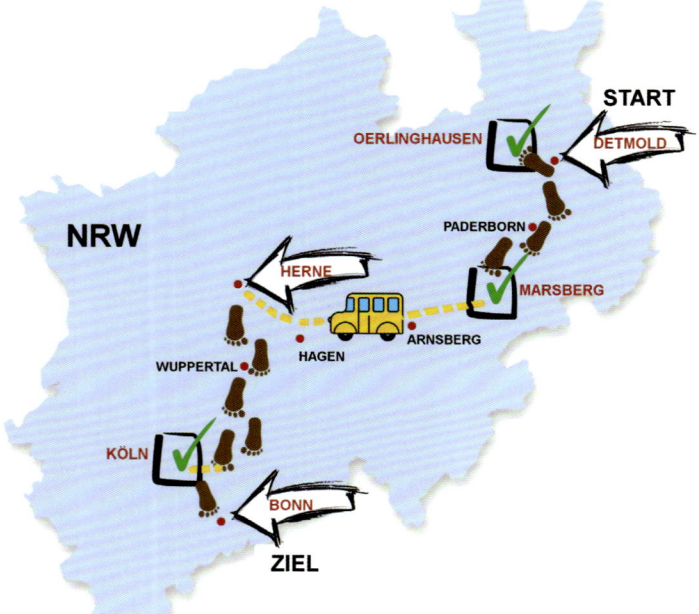

Der Streckenverlauf mit den drei Ausstellungsorten

„Hier, schau mal, Marco. Warum lauft ihr nicht quer durch Westfalen über Bielefeld, Gütersloh und Hamm? Sieht doch gut aus die Strecke, oder?" Noch immer hallen Simons Worte in meinem Kopf nach. Die Strecke sah kurz aus. Verführerisch flach und zielführend. Doch ging sie mitten durch die Ballungszentren der Region.

Was Simon außer Acht ließ, war, dass er nicht selbst laufen musste. Ein Weg entlang der Hauptstraßen war keine gute Perspektive, Punkt aus. Ein geeigneter Platz zur Übernachtung würde sich dort nicht finden lassen. Und auch wenn es schöne Strecken gibt, sind diese eher kurz und von Industrielandschaften, Parks und Betonzonen umrahmt. Paderborn, Brilon und Arnsberg klangen hingegen vielversprechender.

„Die Strecke über Brilon hat es in sich. Hast du mal geguckt, wie viele Kilometer das sind?"

Das hatte ich. Zumindest dachte ich das.

„Für Wald und Berge nehme ich die längere Strecke gerne in Kauf." Und damit hatte ich uns den Schlamassel eingebrockt.

Die Ausrüstung

Nach unzähligen Überlegungen stand die Route. Vorerst. Und dann kam die Zeit, in der es darum ging, die Ausrüstung zu gestalten. Wir wussten natürlich vom „Steinzeit-Experiment" am Bodensee, das 2006 gefilmt wurde. Also kontaktierten wir den Südwestrundfunk (SWR), um uns Tipps zu holen oder vielleicht sogar Teile der damaligen Ausrüstung zu sichern. Es ist gar nicht so leicht, die richtigen Ansprechpartner ausfindig zu machen. Letztlich landeten wir im Pfahlbaumuseum Unteruhldingen, ein sehr bekanntes Freilichtmuseum am Bodensee. Hier wurde uns versichert, dass es die Kleidung zwar noch gäbe, wir diese aber höchstwahrscheinlich nicht tragen wollten. Klar. Nach langem Gebrauch konnte ich mir vorstellen, dass die Gewandung nicht nur den Charakter, sondern auch den Geruch der Träger angenommen hatte.

Wir mussten uns selber helfen. Google, Youtube und eine Gletschermumie führten uns letztlich weiter. Ötzis Ausrüstung und seine Kleidung schufen die nötigen Voraussetzungen, um an die Arbeit zu gehen.

Wir starteten mit den Rucksäcken. Auch Ötzi besaß einen, zumindest werden zwei gebogene Hölzer aus Haselnuss und eine Querstrebe als Rucksack konstruiert. Genau so etwas brauchten wir auch für die Stabilisierung der Rucksäcke. Haselnuss steht im Wäldchen hinter unserem Haus. Also zogen Lukas und ich los, um die passende Rute für das Gestell zu finden. Das Problem mit Haselnussästen ist, dass sie gerade wachsen. Wir aber benötigten einen halbrunden Ast. So etwas ist leider nicht zu finden, zumindest nicht hier. Wir schnitten fünf Ruten vom Strauch, in der Hoffnung, sie mit Gewalt oder auf andere

Weise in Form bringen zu können. Doch das Biegen hatte es in sich. Die Äste brachen unter dem Druck wie Schachtelhalme im Sturm. Dafür war unser Ehrgeiz geweckt und so recherchierten wir schnell, was es brauchte, um Holz gefügig zu machen. Nicht mehr als Wasser und Feuer. Beides hatten wir zu Hause. Der Grill war leicht angefeuert und auch die Gießkanne schnell befüllt. Den Ast hielt ich über das Feuer, stets bemüht, mir nicht die Finger zu verbrennen. Doch so weit so gut. Erst die Gießkanne machte mir einen Strich durch die Rechnung. Denn sobald ich begann, das Wasser über den Stock zu kippen, tropfte es auch in die Flammen. Man muss kein Hellseher sein, um zu erraten, was passierte. Das Feuer erlosch und der Haselnussast blieb mehr Speer als Bogen.

Das frustrierte, definitiv! Wir verwarfen den Gedanken, den Ast über offenem Feuer zu biegen und ließen die Fünfe erst einmal gerade sein. Ein paar Tage später, ich benötigte ein Hemd für die Arbeit im Museum, traf es mich dann wie die Faust aufs Auge. Das Dampfbügeleisen brachte mich auf den richtigen Gedanken, denn mit ihm hatte ich eine Kombination aus Wasser und Feuer. Ideal. Das Hemd legte ich beiseite, dann stürmte ich nach draußen und traf alle nötigen Vorbereitungen. Lukas war natürlich direkt zur Stelle.

Die Verlängerungsschnur ermöglichte den Ortswechsel auf den Balkon, das Geländer diente zur Fixierung des Astes, Unmengen an Handtüchern sorgten für die nötige Sicherheit. Dann ging es los. Und tatsächlich – nach einer halben Stunde angespannter Arbeit hatten wir es geschafft: Das Dampfbügeleisen war im Eimer, doch der Ast war gebogen.

Ich konnte es kaum fassen. Es hatte geklappt und voller Freude bestaunte ich nun das Meisterstück. Bis ich mich umdrehte und Veronika im Türrahmen erblickte. Zeus hätte keine schöneren Blitze werfen können als die, die mich jetzt trafen. Dass ich das Bügeleisen hinter meinem Rücken zu verstecken suchte, während ich ihr den Ast präsentierte, ritt mich nur noch tiefer in die Bredouille.

Das Biegen der Haselnussruten

„Wie konntest du nur das Bügeleisen benutzen?", war alles, was ich verstand. Der Rest perlte einfach an mir ab.

Ich bin kein Idiot und war mir meines Fehlers kläglich bewusst. Doch war auch klar: Ein Bügeleisen konnte gegen Geld repariert werden. Mein Erfolg jedoch war unbezahlbar.

Improvisation

Leider war es damit noch nicht getan. Der Ast war gebogen, doch benötigte ich nun ein verbindendes Element. Im Grunde kann man so etwas überall finden. Nur schien „überall" alles andere als HIER zu bedeuten. Und so konnte ich während der nächsten Tage nichts Brauchbares auftun. Dann begann der Druck.

„Hey Marco. Wie sieht es aus? Kannst du den Rucksack übermorgen mal mitbringen? Wir benötigen noch ein Foto für den Katalog."

Simon versteht es ziemlich gut, Dinge wie eine Frage zu formulieren, sie jedoch als Aufforderung klingen zu lassen. Da war guter Rat teuer. Letztlich stolperte ich mehr über ein geeignetes Holz, als dass ich es fand, und der Rucksack wurde rechtzeitig fertig. Doch gab es noch ein Nachspiel. Und zwar ganz unverhofft an einem lauen Sommerabend etwa einen Monat später.

„Was ist denn mit der Bank passiert?", war alles, was es brauchte, um mich in höchste Alarmbereitschaft zu versetzen. Die Bank. Erstmal ganz ruhig bleiben!

„Wieso, was ist denn los?" Gute Frage. Veronika stand im Garten, wässerte die Blumen und blickte mich skeptisch an. „Na, guck selbst. Da fehlt ein Brett an der Rückenlehne. Sieht aus, als hätte es jemand herausgeschnitten."

Leugnen brachte wohl nichts mehr. Sie hatte mich durchschaut und obwohl ich noch zitterte, war ich bereits tief in ihr Netz weiblicher Intuition verstrickt.

„Okay. Ich habe mir ein Stück herausgeschnitten und es für den Rucksack verwendet."

„Wie bitte? Das ist doch noch nicht einmal unsere Bank. Die gehört der Barbara. Bist du total verrückt? Hast du sie denn wenigstens gefragt, ob du dir ein Stück herausschneiden darfst?"

Ich dachte, dass ich mich klar ausgedrückt hätte. Doch leistete ich Folge und wiederholte noch einmal, was ich getan hatte.

„Ich habe kein geeignetes Stück Holz für unsere Rucksäcke gefunden und bin während der Suche über diese Bank gestolpert. Da habe ich mir einfach ein Stück herausgeschnitten. Und natürlich habe ich Barbara nicht gefragt. Sie hätte doch niemals zugestimmt."

Das Gewitter brach schonungslos über mir zusammen. Wie ich es überstand? Mit eisernem Willen und der Fähigkeit, einfach auf Durchzug zu stellen. Alles vergeht, Sommergewitter bekanntlich schneller, als sie kommen. Zuletzt lachte Veronika einfach nur. Sie kennt mich zu gut, als dass sie lange böse sein könnte.

Gott sei Dank war das Nachspiel mit unserer Freundin und Nachbarin kein Gewitter. Veronika kam mir zu Hilfe. Und Barbara lachte ebenfalls darüber.

„Wollte mir sowieso eine neue kaufen", gestand sie uns später.

Das Feuer – ein Ausblick

Es ist schon spät geworden an diesem ersten Abend unserer Wanderung. Wir brauchen mehr Feuerholz. Gar nicht so leicht. Rings um uns herum hängen Felle, Kleider und Decken an Schnüren zwischen den dicken Eichenstämmen herab. Der lehmige Boden ist kühl und nass. Ich taste mich voran, stolpere über meine eigenen Beine. Doch finde ich die Scheite und lade mir so viele wie möglich auf die Arme. Jetzt wünsche ich mir schützende Kleidung, die meinen ohnehin stark zerschundenen Körper etwas mehr abdeckt. Doch kann man nicht alles haben.

Ich lege nach und noch dickerer Qualm breitet sich aus. Wir werden buchstäblich geräuchert und ich bemühe mich, nicht mehr zu atmen. Tja, das funktioniert leider nicht.

Wäre bloß mehr Zeit zum Vorbereiten gewesen, dann sähe die Lage jetzt vielleicht etwas anders aus. Doch diese Gedanken sind müßig und so folge ich dem Spiel der Flammen und verliere mich im aufsteigenden Rauch des Feuers.

Heute Morgen noch war alles möglich. Heute Morgen war ein guter Morgen. Doch haben wir nicht mit einem solchen Tag gerechnet.

Die Ausrüstung

Tag 1 / 16. August 2015

Die Reise beginnt

6.05 Uhr

Alles ist soweit bereit. Wir sind müde und gerade erst aufgestanden. Die Sachen sind gepackt und die Kleidung sitzt. Eine letzte Dusche, dann sind wir parat. Unterwegs wird es sicherlich Gelegenheiten geben, uns zu erfrischen. Das hoffe ich zumindest.

6.30 Uhr

Es klingelt. Kurze Zeit später stehen Stephie, Simon und Michael in der Tür. Stephie wird sich in den nächsten beiden Wochen um das Marketing kümmern, Michael ist Mit-Kurator der kommenden Ausstellung und immer mit vollem Einsatz für die Archäologie dabei. Ehe ich mich versehe, tragen sie bereits die ersten Gegenstände nach unten. Ob wir an alles gedacht haben, weiß ich nicht. Jedes Teil, das wir vergessen, bedeutet jedoch ein paar Gramm weniger Gepäck. Und mit diesen Gedanken lasse ich sie gerne ziehen.

Veronika ist noch im Bad und macht sich frisch. Als Frau gibt es viele Dinge zu berücksichtigen, an die ein Mann niemals denken würde. Und damit meine ich nicht den Stress mit der Frisur. Die sitzt nämlich. Ihre Augen glänzen und ihr Gesicht kennt keine Falten. Sie hat sich eben schick gemacht. Ganz anders, als ich das je könnte. Ob das immer schon so gewesen ist? Möglichkeiten gab es in jedem Fall genug. Tierblut, Asche, Rötel und Beeren waren ergiebig genug, die Haut zu bemalen. Warum also nicht? Heute hat Veronika jedoch auf jegliche Art von Schminke verzichtet. Sie strahlt jedoch mit ihrer natürlichen Schönheit. Gerade jetzt, wo ich sie so anblicke, wird mir bewusst, dass ich ihre Mühen viel zu wenig schätze.

6.45 Uhr

Der letzte Kaffee schmeckt vorzüglich. Wir sitzen in unserer kleinen Wohnung und genießen das schwere, würzige Aroma des aufgebrühten Arbeiterkokses. Gut zubereitet duftet er verführerisch. Nur leider trinke ich ihn nicht gerne ohne Milch, die wir vor der Reise jedoch nicht mehr anbrechen wollen. Kaffee schafft Verbindung. Nase, Körper und Geist werden eins und zwischenmenschlich scheint das genauso zu sein. Es passiert etwas Unbeschreibliches oder besser etwas Unerklärliches. Ich gewinne Zuversicht, lasse meine Gedanken treiben und blicke in die Runde. Den anderen ergeht es ähnlich. Das lese ich aus ihren Augen und dem Lächeln, das sanft ihre Wangen umspielt. Es braucht in diesem Augenblick keine Worte. Nur diese Tasse voll dampfendem Kaffee.

Wahrscheinlich ist das Gebräu so alt wie die Menschheit selbst. Der Ursprung soll einer aus dem Jahr 1671 stammenden Überlieferung nach im fernen Königreich Kaffa liegen. Antonius Faustus Naironus berichtete von ein paar Ziegen, die die weißen Blüten eines Strauchs fraßen, worauf sie den Rest der Herde und auch die Hirten die ganze Nacht auf Trab hielten. Kaldi, ein Abessinier, kostete daraufhin ebenfalls von den Früchten und ward seltsam belebt. Die heimischen Mönche gingen der Sache auf den Grund und fanden das Kraut, das für so viel Unruhe sorgte. Fortan bereiteten sie daraus einen Aufguss, der es ihnen ermöglichte, bis lang in die Nacht zu beten.

Auch hierzulande gab es etwas in der Art. Ein Gebräu aus zerriebenen Eicheln, das besser unter dem Namen Mucke-Fuck bekannt ist. Ein paarmal abgekocht, reicht es eigentlich schon aus, um daraus ein Pulver zu malen – natürlich in echter Handarbeit. Danach rösten und aufbrühen. Fertig ist der Natur-Kaffee. Natürlich schmeckt er anders und er enthält kein Koffein, das den eigentlichen Reiz des Ganzen ja erst ausmacht. Doch ist es schön zu wissen, dass man sich auch mit den hiesigen Baumfrüchten behelfen könnte, wenn es darauf ankäme. Jetzt aber genieße, trinke und erlebe ich den echten Kaffee.

Und dann sind wir startklar. Ich kann es gar nicht fassen. Keine Probierstunden, keine Fragen, welches Kleidungsstück nun das richtige sei und keine Beschwerden, dass etwas nicht passe. Veronika hat ja auch nur ein Kleidungsstück zur Auswahl. Diese Tour wird super, da bin ich mir sicher. Ein Kleid für zwei Wochen. Diese Zeit wird genial.

7.11 Uhr
„Schau mal. Das Haarband, das wir gestern Abend noch bestickt haben, ist toll."

Ich kann ihr Glück – und vor allem meins – gar nicht fassen, schaue ihr ungläubig hinterher und folge.

Wir fahren mit einem Kleinbus. Lukas checkt noch einmal die Routen. Die Landschaft fliegt nur so vorbei. Autos, Busse, wenige Laster. Ab und an ein Traktor, der auf freiem Feld die Schneisen pflügt, mehr gibt es nicht zu sehen. Alle sind irgendwie beschäftigt. Nur ich habe gerade nichts zu tun. Und so nutze ich die Zeit, mich auf den Augenblick einzulassen. Das sind seltene Momente. Ich stecke normalerweise voller Pläne, Ideen und bin mehr mit der Zukunft als mit dem Augenblick befasst. Gewöhnlich ist es mir unmöglich, nichts zu denken. Hier aber, auf der Autobahn in Richtung Osten, gelingt es mir. Keine Checkliste für Vergessenes oder Verstautes, als hätte jemand den Pausenknopf betätigt und mich in den Offlinemodus versetzt.

8.14 Uhr
Ein Tropfen auf der Windschutzscheibe bringt mich aus der Ruhe. Ein Punkt, von dessen Mitte aus sich ungleichförmige Arme sternenähnlich ausbreiten. Er nimmt mich gefangen und bringt mein Gleichgewicht ins Wanken. Dann beginnt es zu regnen.

Im Stakkato des einsetzenden wasserrohrbruchartigen Niederschlags prasseln immer neue Eindrücke auf mich ein. Wir sind nicht auf Regen eingestellt. Dazu blieb keine Zeit. Es gibt keine Regenjacken, keine Mäntel, keine Capes, die uns vor dem Nass schützen könnten. Zwar trug Ötzi eine Art Reetmatte mit sich herum, die als Wasserschutz gedeutet werden kann, doch war es uns nicht mehr möglich, etwas Vergleichbares anzufertigen. Wir haben uns einfach auf unser Glück verlassen und auf die im August üblichen Wetterverhältnisse. 30 Grad im Schatten – ziemlich naiv, wie ich gerade feststellen muss. Und trotzdem macht sich in mir ein Gefühl der Gleichgültigkeit breit.

Natürlich mache ich mir Gedanken darüber, ob wir überhaupt starten können, bei einem solchen Regen. Doch letztlich ist es eine Frage der Einstellung. Und die stimmt momentan. Der Regen wird immer dichter, bis wir nur noch durch schwarze Wände fahren. Jede Sekunde ein weiterer Vorhang aus silbrigem Dunkel. Regen hat etwas Beruhigendes an sich. Zumindest wenn man im Trockenen sitzen kann. Und so sitze ich beruhigt und schaue und übe mich in Gelassenheit.

„Wie weit ist es noch?"

Ich habe keine Ahnung, aber ich wurde auch nicht gefragt und somit warte ich die Antwort einfach ab.

„100 Kilometer."

Hört sich weit an. Mit dem Auto in ein bis zwei Stunden locker zu erreichen. Zu Fuß wäre das eine andere Sache. Zu Fuß. Zum Glück wird uns unsere Wanderung nicht über die Autobahn führen. Ewig lange Strecken, immer geradeaus.

8.35 Uhr

100 Kilometer sind verdammt weit. Obwohl im Zustand geistiger Zufriedenheit fesselt mich der Anblick ewig dahinziehender Sträucher und meine Gedankenmaschinerie setzt sich erst stockend, dann schleifend und schabend in Bewegung. Was haben wir uns da eigentlich vorgenommen? Eine Wanderung durch NRW! Viel zu viele Kilometer und erst die Ausrüstung. Kein einziger Testlauf. Wie soll das gut gehen? Selbst mit neuen Wanderschuhen lege ich eine Proberunde hin, um sie einzu-

laufen. Die nächsten 460 Kilometer werde ich jedoch praktisch barfuß bestreiten. Wie verrückt muss man denn sein?

8.36 Uhr

Ich versuche mich zu beruhigen. Die Zeit war knapp – keine Ausrede. Die letzten drei Wochen haben wir fast pausenlos an der Ausrüstung gearbeitet – na und? Was wir jetzt am Körper tragen, wird uns die nächsten zwei Wochen begleiten – so weit, so gut. Es wird aber auch das Einzige sein, was uns Tag und Nacht warm halten wird. Reifeprüfung mal anders.

Etwas kullert von hinten an mein Bein. Es ist das tönerne Gefäß, das wir gestern Abend noch schnell zusammen getöpfert haben. Der erste Versuch vor zwei Tagen ging voll in die Hose. Zwar habe ich es geschafft, aus einem Tonklumpen ein relativ passables Gefäß hinzubekommen, doch das Brennen stellte sich als viel schwieriger heraus, als ich ahnte. Es gab offene Fragen. Wie halte ich zum Beispiel das Gefäß über ein Feuer, ohne mich dabei zu verbrennen? Schwieriger als man denkt. Der erfahrene Handwerker hätte einfach alles früh genug in einen Brennofen gesteckt. Der unerfahrene Jungsteinzeit Hillbilly von nebenan vertraut auf sein Glück und lernt, dass das allein nicht ausreicht.

Als ich das Gefäß mitten in die Flamme stellte, knallte es mir um die Ohren. Es zersprang. Übrig blieb nur ein Haufen Scherben. Beim zweiten Versuch ging ich geschickter vor. Fünf Minuten Internetrecherche gaben mir alles, was einen wahren Meister ausmacht. Auch dieses Mal versagte ich auf ganzer Linie. Ehe ich mich versah, war das Gefäß von außen zwar hart gebrannt, von innen jedoch aufgeplatzt wie eine reife Tomate. Ich hätte in diesem Augenblick gerne aufgegeben, alles sein gelassen und meinen neuen Job als Töpfer an den Nagel gehängt.

Wie aber sollten wir die nächsten beiden Wochen überstehen? Ohne Gefäß würden wir kein Wasser transportieren können. Und damit wäre die Reise zu Ende, noch bevor sie begonnen hatte. Also bastelte ich ein drittes Gefäß. In einem Anfall purer Verzweiflung steckte ich es in unseren Ofen und wartete ab. Und tatsächlich: Nach drei Stunden Backzeit und gefühlten 400 Grad machte das Gefäß einen äußerst stabilen Eindruck. Ich erlaubte mir sogar, das Ganze mit etwas Leinöl auszubrennen, um es wasserdicht zu bekommen. Immerhin würde es eine gute „Show" liefern und den nicht allzu kritischen Blicken standhalten.

Zugegeben. Während ich jetzt auf der Fahrt nach Detmold so darüber nachdenke, kommt mir das alles höchst seltsam vor. Aber Fakt ist, dass das Teil im Moment fröhlich durch den Bus kullert und bisher noch keinen Schaden genommen hat. Ob es wirklich dicht ist, wage ich zu bezweifeln. Aber jemand, der freiwillig zwei Wochen mit dieser Ausrüstung durch NRW laufen will, kann das von sich selbst auch nicht gerade behaupten.

9.00 Uhr

Plötzlich ist die Autobahn voller Autos. Ein Blick auf die Uhr lässt mich zögern. So viel Verkehr hätte ich an einem gewöhnlichen Sonntagmorgen nie erwartet.

Im Radio läuft Rock, dann Pop, Schlager und wieder Pop, bevor die Staunachrichten verraten, warum wir hier stehen. Vor uns ist ein Laster mit flüssigem Aluminium umgekippt. Bisher wusste ich gar nicht, dass Aluminium flüssig transportiert wird, kann mir aber vorstellen, dass das auf der Autobahn eine Riesensauerei abgibt. Die Ladung liegt über die gesamte Spurbreite verteilt. Die Autobahn sei laut Schätzungen der Polizei für mehrere Stunden, wenn nicht sogar Tage gesperrt. Also nehmen wir die Umleitung. Eigentlich ist es eine willkommene Abwechslung. So sehen wir wenigstens etwas von der Region, denn die Wege führen über Ortschaften, durch Wälder und um kleine Siedlungen herum. Nur die Zeit vergeht schneller und schneller. Und langsam beginne ich mich zu fragen, ob wir es noch rechtzeitig bis nach Detmold schaffen. Zwar können sie dort ohne uns nicht beginnen, doch wird der Bürgermeister nicht nur diesen Termin auf seinem Kalender stehen haben. Es schüttet immer noch wie aus Kübeln, da ist zumindest mehr Zeit im Trockenen eine sehr erfreuliche Tatsache. Ich schlummere noch ein wenig. Veronika blickt aus dem Fenster und Lukas studiert immer noch die Karten. Hier im Kreis der Vertrauten ist alles in bester Ordnung.

10.00 Uhr
Wir sind da. Detmold. Doch schneller als gedacht und sogar im Trockenen. Gerade ausgestiegen, werden wir schon von Schaulustigen umringt. Schön, mal „bekannt" zu sein. Viele haben uns vor vier Tagen im Fernsehen gesehen. Der Westdeutsche Rundfunk (WDR) berichtete in einer Kurzdokumentation über unser Projekt. Ich fühle mich schlagartig zurück nach Bonn versetzt:

Wir drehten im Skulpturenhof des LVR-LandesMuseums Bonn mit allem, was wir bereits fertiggestellt hatten. Immer noch gab es viel zu tun und so bastelten wir dort an unseren Schuhen mit den Werkzeugen, die der Jungsteinzeitler auch zur Hand hatte: Feuerstein, Naturdarm und Leder. Mit dem Stein schnitten wir uns passende Stücke aus dem Leder, legten sie an unsere Füße und versuchten dabei möglichst professionell auszusehen. Es blieb bei dem Versuch. Feuerstein ist wirklich scharf und ich schnitt mir sofort in die Hand. Auch heute noch sehe ich den schmalen Schnitt an der Innenfläche. Ein heller Streifen, der mich an meine Ungeschicklichkeit erinnert. Mit Feuerstein lässt sich fast alles schneiden. Vorausgesetzt man ist kein Tollpatsch. Letztlich machte der Dreh aber viel Spaß. Wir liefen ein paar Meter mit unserer Ausrüstung, planten die Route auf einer großen Karte und Simon berichtete über die Landesausstellung. Danach noch ein Fotoshooting und der Tag war gelaufen. Neben vielen neuen Eindrücken hatten wir auch noch etwas gelernt. Unsere Kleidung sah zwar bereits gut aus, ließ an der ein oder anderen

Stelle aber noch zu wünschen übrig. Nach nur 500 Metern mit den selbst gefertigten Schuhen hatte ich mir bereits Blasen gelaufen. Mit Sicherheit kein Qualitätsmerkmal.

10.45 Uhr

Das war vor vier Tagen. Die Ausrüstung haben wir in der Zwischenzeit mehrmals gecheckt und bearbeitet, jedoch immer noch nicht getestet. Langsam werde ich aufgeregt. In einem solchen Fall hilft immer ein Toilettengang. Dumm nur, dass das genau mit der Programmplanung kollidiert. Der Bürgermeister steht bereits in den Startlöchern und die Tour soll eröffnet werden. Ich verrichte also mein letztes Geschäft auf einer normalen Toilette voll im Stress, stülpe mir anschließend die Ziegenbeinlinge über und stürme nach draußen. Da beginnt auch schon die Eröffnung. Was für ein Tag.

Doch es riecht nach gutem Essen und klingt nach guter Laune, sodass ich mich schnell entspanne. Ein Wanderverein ist vor Ort sowie zahlreiche andere Gäste und natürlich auch die Presse und das Radio. Wir stehen hier wie auf dem Präsentierteller, aber das ist wahrscheinlich auch Sinn der Sache. Meine Blicke streifen immer wieder den mit zahlreichen Köstlichkeiten gedeckten Tisch: Fisch, Fleisch, Brot, Gemüse, alles, was es auch schon zur Jungsteinzeit gegeben hat. Da bleibt kein Wunsch offen und ich kann es kaum erwarten zuzugreifen. Dann ist das Buffet eröffnet, doch das Schicksal hat anderes mit uns im Sinn. Fotoshootings sowie einen Termin mit dem WDR-Radio. Das macht Spaß, ist aber auch mit Stress verbunden. Die Fragen zielen auf unsere Route, unsere Ausrüstung und unsere Vorbereitung ab. Was ich sage, hört sich sehr zuversichtlich an.

„Supergeplante Route, beste Ausrüstung und optimale Vorbereitung", versichere ich, auch wenn ich weiß, dass dem nicht so ist. Wir kennen unsere Route noch nicht so genau. Wir wissen nur, dass es gleich losgeht. Dann endlich komme ich doch noch zum Essen. Fisch, Brot, Gemüse und Ziegenkäse liegen ausgebreitet auf einem Holzteller. Der Fisch riecht rauchig und mir läuft das Wasser im Munde zusammen. Es schmeckt vorzüglich. Als ich mich jedoch entschließe, einen Nachschlag zu ordern, ertönt die Stimme des Bürgermeisters aus den Lautsprechern:

„Es ist so weit. Ich wünsche den Wanderern im Namen der Stadt Detmold und des Lippischen Landesmuseums alles Gute ...“

Dem Rest der Rede lauschend, versuche ich meinen Rucksack zu schnüren, meine Sachen zu ordnen und mich mental auf den Start vorzubereiten. Dann geht es los und ich lege den Rucksack an. Ein Reißen verrät nichts Gutes und schnell merke ich, dass einer der Riemen gerissen ist. Mist. Doch es bleibt keine Zeit zum Reparieren. Das Gewicht liegt schwer auf meiner linken Schulter und der Gurt drückt sich tief in mein Fleisch. Da hilft nur eins: Augen zu und durch, denn eine Blöße geben werde ich mir hier nicht.

Der Aufbruch

Detmold gibt uns drei kleine Rucksäcke mit auf den Weg und bittet darum, diese bis an das Ende unserer Wegstrecke zu tragen. Als ob mein Rucksack noch nicht schwer genug wäre, frage ich mich nach dem Sinn dieser Bürde. Ein kurzer Blick ins Innenleben genügt und ich sehe Blasenpflaster, Wanderkarte und ein kleines Carepaket. Kurz überlege ich noch, ob es sich nicht doch lohnen würde, zumindest einen dieser Rucksäcke zu schultern. Doch ich bin mir sicher, dass ich diese 500 Gramm irgendwann verfluchen würde.

Die Wandergruppe formiert sich und schon geht es los. Der Himmel ist bewölkt und mit einem kritischen Blick auf die aufgetürmten Wolkenpaare setze ich mich in Bewegung. Ich bilde mir ein, den einen oder anderen Tropfen auf meinem Kopf zu spüren. Ein Ehepaar bemerkt es ebenfalls.

„Unwetter zieht immer von Westen hierher. Wenn ich wissen will, wie es nachmittags wird, schaue ich mir einfach den

Kölner Wetterbericht vom Vormittag an."
Ich hoffe, sie irren sich. Denn wie es im Westen war, habe ich
heute Morgen auf der Fahrt erlebt.

On the Road
Bereits nach 100 Metern reißt auch mein zweiter Riemen.
Zwar hatte ich schon in den letzten Wochen bemerkt, dass
das Rindsleder für die Schultergurte sehr spröde war, doch
glaubte ich, dass sie trotzdem durchhalten würden. Fehlan-
zeige. Das Schlimmste, was passieren konnte, war eingetre-
ten. Um das Missgeschick zu vertuschen, trage ich den Rucksack am Gestell und ziehe ihn später eine Weile hinter mir her.
Auf neugierige Fragen antworte ich mit „kein Problem – geht
schon!" Doch auch der Leichtgläubigste musste unweigerlich
erkennen, dass ich ihm hier gerade einen Bären aufband. Da
gesellt sich eine Dame des Wandervereins zu mir her und versorgt mich mit gutgemeinten Ratschlägen.
„Das Allerwichtigste sind die Riemen."
Oh nein, ich ahne es.
„Stimmen die Riemen, dann ist alles in Ordnung. Außer natürlich Sie tragen schlechte Schuhe."
Verdammt, warum erzählt sie mir das jetzt? Ich blicke hinab
zu meinen Füßen und weiß, dass die Dinger noch nicht einmal
als Strandlatschen taugen.
„Naja, natürlich sollten sie auch gute, warme Kleidung tragen. Dann wird das ein Klacks."
Ich war geliefert und brauchte dringend einen anderen Im-
puls.
Da kommt eine Ampel. Ungeliebter Verkehrsstopper. Doch
in diesem Augenblick bin ich dafür sehr dankbar. Normalerweise ist mir die Farbe egal. Als Fußgänger werfe ich einen
Blick nach links und rechts. Ist es rot, gehe ich los, sobald kein
Kind oder Auto oder die Polizei zu sehen ist. Jetzt aber bleibe ich stehen und hoffe, dass sie ewig rot bleibt. Mist. Grün.
Ich flicke die Rucksackgurte notdürftig und in aller Hast.

Neben uns hält ein Wagen der Ambulanz. Der Blick des Fahrers streift mich mitleidig und ich frage mich, ob ihn jemand aus unserer Gruppe gerufen hat, um mich abzuholen. Oder gab mir das Schicksal in diesem Augenblick einen Wink mit dem Zaunpfahl? So ein Quatsch. Ich reiße mich zusammen, werfe den Rucksack leichthändig über meine Schulter und bleibe dran an der Gruppe.

Ich habe keine Augen für die Stadt, sondern nur Ohren für die Mitwanderer. Viele geben Tipps, die wir gar nicht mehr berücksichtigen können. Aber das spielt keine Rolle. „Zieht euch warm an", oder: „esst ordentlich und achtet darauf, viel Fett zu euch zu nehmen".

Doch selbst wenn ich wollte, bekäme ich in meinem Rucksack nichts mehr unter.

Fettnäpfchen

Der Weg zieht sich durch die Landschaft, später dann zum Hermannsdenkmal hinauf. Der Hermann ist weithin bekannt und eigentlich sollte auch ich ihn kennen. In Westfalen und in Nordhessen liegt meine zweite Heimat. Seit Kindheitstagen habe ich die hiesigen Länder und Regionen zusammen mit meinem Vater bereist. Der Marsberg, das Waldecker Land bis hinauf nach Kassel und Hannover.

Im Edersee erlernte ich das Schwimmen, das Rudern und das Windsurfen, soweit das in einem Binnensee überhaupt möglich war. Hier versank auch mein erstes und einziges motorisiertes Schiff beim Versuch meines Vaters die maximale Reichweite des Gefährts zu prüfen. Nun, sie reichte für genau 50 Meter. Danach kenterte das Boot, antriebslos geworden, und versank auf der Stelle. Seltsam, dass mir das genau in diesem Moment wieder in den Sinn kommt.

Mittlerweile haben wir etwa zwei Kilometer zurückgelegt. Doch obwohl wir oder besser ich den ersten Defekt zu verzeichnen haben, sind wir immer noch unterwegs. Vielleicht liegt es weniger an den Problemen, die über den Erfolg oder Misserfolg unseres Wegs entscheiden, sondern vielmehr an unserem Willen, der uns auch auf stürmischer See sicher von Welle zu Welle trägt. Wie gut dieser Vergleich passte, sollte sich bald herausstellen.

Das Hermannsdenkmal kenne ich leider überhaupt nicht. Mir fällt spontan auch kein bedeutender Hermann ein, dem ein Denkmal anstünde. Hieß der Erbauer vielleicht so?

„Das war mal die höchste Statue der ganzen Welt bis zum Bau der Freiheitsstatue. Haben Sie das gewusst?"

Die förmliche Anrede irritiert mich etwas, doch ich bin gespannt mehr zu hören.

„Hermann teilt hier mit seinem Schwert den Ost- und Westwind."

„Wer war denn der Hermann?"

Die berühmte Stecknadel hätte in diesem Augenblick eine teilnahmsvolle Zuhörerschaft gefunden, so leise war es. Und ich schämte mich in Grund und Boden. Zum Glück zeichneten sich die Anstrengungen des Aufstiegs schon deutlich auf meinem Gesicht ab. Somit fiel keinem auf, dass ich jeder reifen Tomate Konkurrenz gemacht hätte.

„Das wissen Sie nicht?"

Durchgefallen. Ganz eindeutig. Und das als Archäologe.

„Da müssen wir Abhilfe schaffen. Hermann ist eigentlich Arminius, der den Sieg gegen Varus errang. Zumindest das dürfte Ihnen bekannt sein."

Ich zog es vor zu schweigen und abzuwarten.

„Als das Kunstwerk vor etwa 150 Jahren eingeweiht wurde, galt es als Zeichen der deutschen Einheit. Ein Symbol einer neuen deutschen Identität. Die Zeiten änderten sich und mit ihnen auch die Bedeutung des Denkmals. Können Sie sich vorstellen, in welche Richtung Hermann blickt?"

Nein, das konnte ich nicht.

„Leider kann ich das nicht. Ich habe es noch nie gesehen."

„Er blickt nach Westen, das Schwert gegen Frankreich gerichtet. Es gab zu viele Auseinandersetzungen, zu viele Kriege, zu viele Verwicklungen mit den Welschen oder besser L'Hexagone, als das ein anderer Umgang möglich gewesen wäre. Die Franzosen hatten übrigens ihren eigenen Nationalhelden beim Kampf gegen die Römer: Vercingetorix, den Keltenfürst, der in vielen Landesteilen ebenfalls ein Denkmal erhielt. Später dann richtete sich Hermanns Schwert gegen die Deutschen selbst: gegen Katholiken, Juden und Sozialdemokraten, gegen all jene, die nichts mit dem Dritten Reich zu schaffen haben wollten.

Man tat sich lange Zeit schwer mit diesem Denkmal. Das können Sie sich vorstellen. Zwar gab es hier nie eine faschistische Wallfahrtsstätte, doch spielte das Denkmal nach dem Zweiten Weltkrieg immer wieder eine Rolle für rechtsradikale Splittergruppen."

„Und heute?"

„Heute haben sie hier ein Blitzstrom-Messsystem aufgebaut. Ziemlich faszinierend. Hier gibt es ziemlich viele davon. Also Blitze natürlich und Unwetter. Mittlerweile hat sich aber auch die kulturelle Bedeutung wieder zum Guten gewendet. Das Denkmal gilt heute als ein Symbol für die Freiheit aller Nationen. Auch wenn es ab und an mal funkt." Und das ist eine gute Wendung.

Der Funke

Der Gedanke an das Blitzstrom-Messsystem lässt mich nicht mehr los. Wahnsinn, dass sich so etwas messen lässt. Lightning Monitoring System heißt das Ganze. Hier werden Belastungsgrenzen ausgelotet, die jede Windkraftanlage aushalten muss: Vibrationen, Windverhältnisse, Temperaturschwankungen und natürlich Energiegewinnung. Die Dinger halten Unterschiede zwischen −30 und +60 Grad aus. Das ist der totale Wahnsinn. Und hier am Hermann wird alles geprüft. Zwar geht es dabei weniger um Blitze, doch ab und an wird sicherlich auch mal einer einschlagen.

Feuer und Licht, ein Riss im Firmament. Ein sonderbares Schauspiel. Laut, hell und gleißend. Im Mittelalter hielten die Menschen Blitz und Donner für Dämonenwerk. Zu römischer Zeit war Jupiter der Verantwortliche für diese Erscheinungen am Himmel. Was aber glaubten Ötzi und seine Zeitgenossen aus der Jungsteinzeit? Spürten sie darin die unbändige Kraft des Himmels? Oder machten sie die Vögel verantwortlich für dieses Treiben, die Herrscher der Lüfte? Vielleicht hielten sie die Blitze auch für die Sprache des Windes und der Wolken, die Speere schleudernd über die Welt zogen, sich austobten, immer in Bewegung. Ich werde es nie herausfinden. Aber das ist auch gar nicht nötig.

„Man muss es mit eigenen Augen gesehen haben."

„Was muss man gesehen haben?"

„Na, Hermann natürlich. Nur mit der Besteigung wird das wohl nichts. Ist geschlossen. Es wird erzählt, dass jemand durch eines der Nasenlöcher gefallen sei. Seitdem darf niemand mehr hoch."

Ich hätte nicht gedacht, dass Hermann so groß ist. Blöde Geschichte. Aber so etwas passiert eben.

Wir sind immer noch nicht oben, doch alle scheinen gut gelaunt zu sein. Simon schließt zu mir auf. Sein zwölfjähriger Neffe ist mit von der Partie. Er ist erstaunlich gut dabei. Wanderungen sind schließlich immer etwas für ältere Generationen.

„Na, Noah, wie sieht es aus? Hättest du Lust, uns zu begleiten?"

Die Frage ist natürlich im Scherz gemeint, doch er steigt darauf ein.

„Wenn ich dann nicht zur Schule gehen muss, auf jeden Fall."

Während das Angebot noch in der Luft liegt, filmt Lukas etwas mit seiner Kamera. Er hat einen dieser modernen Apparate dabei, die unheimlich klein, handlich und sehr robust sind. Sogar ein Selfie-Stick hat den Weg in seine Tasche gefunden. Komisches Wort, aber jeder weiß immer, was gemeint ist.

Der Aufstieg zum Herrmannsdenkmal mit dem Teutoburger Wanderverein

Zum Denkmal sind es noch etwa eineinhalb Kilometer. Ein Katzensprung, so scheint es mir. Doch auch kurze Distanzen können unter Umständen sehr viel Kraft kosten. Bei einer eingelegten Rast wird etwas getrunken, die Rucksäcke umgepackt, die Schnurriemen neu formiert und die Gürtel gestrafft. Dann brechen wir auch wieder auf.

Das Hermannsdenkmal rückt jetzt in greifbare Nähe. Jedenfalls hat es den Anschein. Zwar kann ich nichts entdecken, doch alle sprechen davon, gleich da zu sein. Und tatsächlich erblicken wir durch den dichten Wald hindurch ein paar Gebäude. Es beginnt zu regnen. Erst leicht, dann immer heftiger. Der Wind treibt seine Spielchen und weht uns Laub und kleine Äste vor die Füße.

Vor der Touristeninformation schießen wir noch ein Gruppenfoto, bevor der Regen den Boden aufweicht. Dann rauschen die Tropfen nur so durchs Blätterdach. Wenn das so weitergeht, glaube ich nicht daran, die Strecke bewältigen zu können. Anscheinend bin ich nicht der Einzige mit diesem Gedanken. „Hör mal, Marco", Simon nimmt mich vertraulich beiseite. „Wir haben uns da was überlegt. Wir holen den Wagen hier rauf und fahren euch dann nach Oerlinghausen. Ansonsten wäre die Reise vorbei, ehe sie richtig begonnen hat. Guck mal raus, wie das schifft. Das Wetterradar hat den ganzen Nachmittag über Regen auf dem Visier. Da seid ihr schneller nass, als ihr Jungsteinzeit sagen könnt"

Das Angebot steht. Ehrenhalber lehne ich es ab. Es wäre eigenartig, schon am ersten Tag aufzugeben und dem Wetter klein beizugeben.

„Das geht doch nicht. Wir müssen die Strecke zu Fuß gehen. Ansonsten wäre das Betrug."

„Guck mal raus. Das schafft ihr nie und die Klamotten kriegt ihr auch nicht mehr trocken."

Simon hat Recht. Der Regen ist unerbittlich. Wie zur Bestätigung bilden sich erste Rinnsale, die sich ihren Weg durch Schlamm und Dreck bahnen.

„Ich rede mal mit den anderen", höre ich mich noch sagen, wohl wissend, dass die Vernunft nur ein „Ja" akzeptieren würde. Wir reden, das heißt, ich rede, Veronika und Lukas hören zu. Doch noch bevor ich die Vorzüge einer Autofahrt richtig deutlich machen kann, lehnt Veronika den Vorschlag einfach ab.

„Wir gehen!"

„Am besten jetzt gleich. Wird eh nicht mehr besser", bestätigt Lukas. Und schon verlassen die beiden das Gebäude.

Die sind total verrückt, doch ihre Zuversicht ist ansteckend. 17 Kilometer bis Oerlinghausen. 17 Kilometer bis zum Ziel.

„Was ist?", fragt Simon.

„Wir gehen. Die zwei kennen kein Pardon. Hast du immer

Der Weg durch den Regen nach Oerlinghausen

noch Lust mitzukommen, Noah?" Der lehnt dankend ab. Schule scheint doch eine bessere Alternative zu sein.

Ich verabschiede mich noch von Simon, dann folge ich den beiden. Ist ein Entschluss einmal gefasst, wird es leichter, die Tatsachen zu akzeptieren. Wie ein Motor, der einmal angesprungen ist und läuft und läuft. Obwohl es bisher noch keine Blitze gab, fühle ich mich seltsam elektrisiert. Der Funke ist übergesprungen und das ist alles, was gerade zählt.

Die Gefährten

Wir haben Gefährten. Das ist kaum zu fassen und ein schöner Zufall. Ein Vater und sein Sohn wollen uns ein Stück des Weges begleiten. Sie wohnen etwa acht Kilometer entfernt und das in Richtung Oerlinghausen. Sie sind seit Detmold dabei, doch haben sie sich auf unserem bisherigen Weg zurückgehalten.

Ich blicke mich ein letztes Mal um, dann reißt mein Schulterriemen erneut. Ich bin bereits vollkommen durchnässt und so macht die notgedrungene Pause unter freiem Himmel auch keinen Unterschied mehr. Das Gehen fühlt sich bereits an wie bei einer Wattwanderung. Sturzbäche machen den Weg unkenntlich und ein Vorankommen sehr beschwerlich. Lukas geht ohne Schuhe, ich versuche mein Glück zuerst noch mit den Lederschuhen, dann ziehe ich sie ebenfalls aus. Wie mag es wohl Veronika ergehen? Ihr ist nichts anzumerken und sie geht im Gleichschritt hinterdrein, als wäre das alles hier ein Spaziergang.

An manchen Stellen ist der Boden jedoch so hart, dass ich es im ersten Moment gar nicht fassen kann. Ich bin es gewohnt, ohne Schuhe zu laufen. Egal ob auf Asphalt, Schotter oder Waldboden. Normalerweise macht es mir nichts aus. Jetzt aber schmerzt mich sogar der Gedanke an den nächsten Schritt. Vielleicht liegt es an der zusätzlichen Last auf meinem Rücken. Vielleicht ist es aber auch der Regen, der unaufhaltsam in meine Kleidung, meine Ausrüstung und durch Augen und Nase langsam sogar in mein Unterbewusstsein sickert. Jeder Schritt ist eine neue Herausforderung, jeder Stein ein Hindernis. Nach einer Weile machen sich auch meine Schultern bemerkbar. Ich bin verspannt, rutsche die Last auf meinem Rücken zurecht und verlagere mein Gewicht. Doch all das nützt nichts, denn die Riemen drücken sich in mein Fleisch und in meine Knochen. Ein Gewicht von 15 Kilogramm ist gut zu ertragen. Zwar bleiben 15 Kilogramm 15 Kilogramm, doch machen sie einem das Wandern nicht zur Qual. 20 Kilogramm sind mein normales Packgewicht. Das heißt, bei längeren Wandertouren über den Lieser-Wanderweg oder den Rothaarsteig trage ich diese 20 Kilogramm ohne Probleme. 25 Kilogramm hingegen stellen schon eine Belastungsgrenze dar. Am Anfang ist immer alles machbar. Doch je länger die Strecke, desto schwerer die Last. Sie nagt und beißt, zerrt und ruckt und ehe man sich versieht, wird der Moment zu einer einzigen Qual. Dann zählt allein der Schmerz, der mal hier und mal dort, oft auch an unerwarteter Stelle drückt. Die Schmerzen wandern. Sie stecken mal im Knöchel, dann in der Wade, unerwartet zwickt es in der Hüfte und letztlich sticht es im Knie. Sie passen sich an, sind mal stärker mal schwächer, aber immer da. Als ständiger Begleiter und unwillkommener Reisegast.

Auch eine Rast, hoffnungsfroh erwartet, kann sich als heimtückische Falle entpuppen. Ein Baumstamm, eine kleine Lichtung oder ein Bachlauf entlang des Weges locken und versprechen Ruhe und Entspannung. Der Körper entspannt, der Geist frohlockt. Doch die Pause währt meist kürzer als nötig und die Last, bereits vergessen, schlägt erneut zu, nur um härter, stärker und unerbittlicher Körper und Geist zuzusetzen. Heute aber spielt das nur eine Nebenrolle. Der Regen überschattet alle Empfindungen. Der Rucksack und meine komplette Kleidung haben sich vollgesogen und wiegen viel mehr als mir lieb ist. Bleiben wir stehen, kühlt der Körper aus. Gehen wir weiter, wird die Last immer unerträglicher. Das, was sich nicht verändert, ist der Regen, der unvermindert auf uns niederprasselt. Ich weiß manchmal nicht, wie ich den nächsten Schritt bewältigen soll. Doch geht es und ehe ich noch über die Folgen nachdenke, bin ich wieder 10 Meter weiter gelaufen.

Ich blicke mich um, zähle vier Köpfe und überlege, ob das sein kann. Na klar. Wir haben zwei Begleiter. Ein Vater mit seinem Sohn, deren Haus an unserer Wegstrecke nach Oerlinghausen liegt. Im ständigen Regen bleibt keine Zeit, Sie näher kennenzulernen. Auf dem schmalen Pfad ist kein Platz um nebeneinanderzulaufen und Stehenbleiben ist keine Option für uns. Vielleicht ergibt sich später noch eine Gelegenheit zum Reden.

Die Rast

Trotz meiner Bedenken rasten wir. Eine kleine Schutzhütte am Wegesrand scheint wie geschaffen für eine kurze Verschnaufpause. Zu müde, um an irgendetwas zu denken, räume ich meinen Rucksack komplett aus, um Zeit zu schinden und nicht sofort weiterlaufen zu müssen. Alles ist nass und riecht nach Feuchtigkeit.

Im Rucksack ist viel weniger drin, als ich dachte, und viel mehr, als ich tragen kann. Ich ertappe mich dabei, mir vorzustellen, alles einfach liegenzulassen oder in den Mülleimer in der Ecke zu werfen. Aber nein. Alles, was hier ausgebreitet liegt, wird auch noch benötigt. Das ist ein schönes Gefühl. All diese Dinge haben einen Wert für mich, der größer ist als der Schmerz. Zum ersten Mal auf dieser Strecke erkenne ich den wahren Wert der Dinge, die ich mit mir trage.

Mein Leben liegt hier ausgebreitet vor mir, pitschnass, aber brauchbar. Ein Gefäß, um Wasser zu schöpfen, ein Messer aus Feuerstein, zwei Schaffelle, ein Leinensack, Brot, Käse, Nüsse und ein Medikament, das es wohl so nicht vor 7000 Jahren gegeben hat. Meine Schilddrüse ist seit einiger Zeit nicht mehr ganz intakt. Und so benötige ich die fehlenden Hormone in Tablettenform, um sie am Laufen zu halten. Leider unvermeidlich, so lange ich ein gesundes Leben führen will, und auch auf unserer zweiwöchigen Reise unverzichtbar. Was passiert, wenn ich sie über einen längeren Zeitraum nicht nehme, ist mir allzu gut in Erinnerung geblieben. Stimmungsschwankungen und Herzrasen sind die Folge. Das letzte Mal war es besonders schlimm, zumal mir Tabletten erst nach sieben Tagen in Aussicht standen. Fakt ist: Mir ging es in der Zeit richtig dreckig.

Die Ablenkung

Da entdecke ich zuunterst noch eine Kette aus Eberzähnen. Sie ist schön. Jeder Zahn hat seine eigene Geschichte. Zwar ist sie für mein Überleben nicht von Wert und somit das einzige Stück, auf das ich verzichten könnte. Doch weckt sie Erinnerungen in mir. Ich habe diese Tiere nicht selbst gejagt und um das klarzustellen, auch keine anderen Tiere. Doch ich entstamme einer Familie von Jägern. Schon als kleines Kind nahm mich mein Vater mit auf Hochsitze, um bis in die späten Abendstunden zu warten und Tieren aufzulauern. Manchmal war das sehr langweilig und ich glaube, dass die Zeit des langen Sitzens zumindest einen gewissen Anteil an meiner heutigen Unrast auf langen Autofahrten hat.

Es wurden immer Geschichten erzählt bei den Familientreffen, eine fantastischer als die andere. Mal handelten sie von einem Hirsch, den die Jäger über mehrere Tage verfolgten, bis nur noch zwei von ihnen übrig blieben. Die härtesten und geschicktesten Spurensucher der ganzen Region: Mein Onkel und mein Vater. Doch über den Punkt, wer den majestätischen Zwölfender letztlich geschossen hat, streiten sie noch heute. Gesehen wurde die Trophäe jedenfalls noch nie. Dann wieder erzählten sie Geschichten von menschenähnlichen Tieren, die sich nachts an die Hochsitze schlichen, um die dort sitzenden Jäger zu erschrecken. Mit zur Legendenbildung beigetragen hat sicher der große Fuchskopf, der lange Zeit im Wohnzimmer meiner Großmutter hing. Und natürlich die Hauptakteure, die ihren kleinen Streit kurzzeitig beilegten, um mit Unschuldsmiene ein Bier zu trinken.

Die beiden waren wirklich unschlagbar, eine Geschichte toller als die andere. Es kam nie darauf an, wer von beiden Recht hatte, sondern es ging immer nur um die Unterhaltung, darin waren sich beide einig. Die Geschichten waren nie langweilig, auch wenn man sie zum hundertsten Mal hörte. Und selbst nach langer Zeit sind sie mir in diesem Moment vertraut und erinnern mich an eine heile und frohe Zeit im Kreis der Familie.

Geschichten brauchen Erzähler. Und Erzähler fallen nicht einfach so vom Himmel. Das dauert und erfordert ständige Übung. Ich gerate ins Grübeln, wann ich zum letzten Mal eine wirklich gute Geschichte gehört habe. Im Fernsehen und vor allem im Internet gibt es genug davon. Doch bleiben sie mir selten in Erinnerung. Vielleicht ist es auch nur Einbildung, doch viele Geschichten lassen sich nicht fühlen, nicht begreifen und sind bereits nach kurzer Zeit wieder vergessen. Diese

Kette aus Wildschweinzähnen jedoch ist ein stummer Erzähler, der mich meiner Familie näher bringt Sie ist ein Teil meines Lebens und wenn auch nicht lebensnotwendig, so doch etwas für kalte Nächte und trübe Stimmungen. Veronika und Lukas werden langsam ungeduldig und wollen aufbrechen. So packe ich schnell und ohne Bedacht. Dann, durch den perlenden Vorhang ins Freie tretend, stehe ich wieder im Regen, irgendwo zwischen Hermannsdenkmal und Oerlinghausen.

Die Erinnerung

Etwas stimmt nicht. Nach einer halben Stunde Wegzeit wünschte ich mir zwar, ich hätte eine Taucherbrille eingesteckt, doch drängt sich zur Frage „Warum haben wir kein Kanu mitgenommen?" nun noch eine weitere: Was stimmt nicht?

Der Rucksack sitzt, so wie ein nasser Sack mit Holzstäben eben sitzen kann. Meine Füße schmerzen zumindest noch und es geht vorwärts. Was also versucht sich gerade auf so unangenehme Weise Gehör zu verschaffen? Ich lasse die letzten Stationen Revue passieren:

- Rucksack richten
- Schuhe binden
- Pinkeln gehen

Nichts Verdächtiges.

- Rast

Ich überlege kurz. Keine Ahnung. Vielleicht habe ich etwas vergessen. Da überkommt mich eine leise Ahnung. Ein Blick in meinen Rucksack verschafft mir Sicherheit: Die Tabletten sind in der Hütte geblieben.

„Wenn nicht alles an dir angewachsen wäre", pflegte meine Großmutter immer zu sagen. Und da hatte sie Recht. Gäbe es eine Beschriftung für meine Körperteile, stünde auf meiner Stirn die Notiz: Bitte nichts abspeichern! Ständige Formatierung. In diesem Fall gibt es nur zwei Möglichkeiten. Zurückgehen oder Vergessen. Wie wichtig diese Tabletten sind, ist mir kläglich bewusst. Doch ein Blick in Richtung Zurück genügt. Diese Strecke laufe ich kein zweites Mal.

„Was ist?", reißt mich Veronika aus meinen Gedanken. Sie merkt immer sofort, wenn etwas nicht stimmt. Leugnen hat da keinen Zweck.

„Ich habe meine Tabletten verloren." Es hört sich irgendwie erträglicher an, etwas verloren zu haben. Doch anscheinend gibt es für Veronika keinen Unterschied zwischen vergessen und verlieren.

„Typisch. Wo lässt du nur immer deinen Kopf!"

Es ist schon schwer genug, Fehler einzugestehen. Aber diese zusätzlich noch vorgehalten zu bekommen, ist fast unerträglich.

„Egal. Ich komme schon ohne klar."

„Das ist nicht egal. Weißt du noch, wie es beim letzten Mal war? Du hast dich aufgeführt wie ein Kleinkind. Ich verstehe nicht, wieso du immer so leichtsinnig sein kannst. Die Tabletten bekommst du nicht ohne Grund. Wir gehen zurück."

Nein, alles, nur das nicht!

„Ach was. Das wird schon nicht so schlimm sein. Außerdem ist es ziemlich weit zurück zur Hütte". Doch klingt das wenig überzeugend. Weder für mich noch für Veronika. Wir zögern noch kurz, blicken uns an und schauen dann in Richtung der

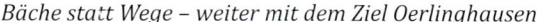

Bäche statt Wege – weiter mit dem Ziel Oerlinghausen

weit entfernten Schutzhütte. In diesem Augenblick sind wir
uns einig. Zwei Kilometer hin, zwei zurück. Das ist mehr, als
wir verkraften können.

„Naja, vielleicht wird es auch nicht so schlimm sein", ist alles,
was Veronika noch sagt, bevor wir uns träge in Bewegung setzen.

Die Formel des Glücks oder Mathematik stinkt

Die Zeit sickert ins Erdreich, verrinnt im Gestrüpp und verliert sich in den Blättern. Sie vergeht und das ist ein gutes Zeichen. Da stoppen unsere beiden Begleiter, stecken ihre Köpfe
zusammen und rufen: „Noch drei Kilometer, dann sind wir an
unserem Ziel angelangt. Dann müsst ihr alleine weiter."

Langsam dringen die Worte in meinen Verstand. Drei Kilometer, dann wollen sie uns verlassen. Ich beginne zuerst zu
rechnen, dann zu denken. Die beiden werden uns noch drei
Kilometer begleiten. Wir sind fünf Kilometer gelaufen und
hatten 17 Kilometer vor uns. Wie viele Kilometer bleiben da
noch übrig?

„Es ist jetzt 15.30 Uhr", höre ich Lukas rufen.

Mist, verzählt. Also, wir mussten 17 Kilometer zurücklegen,
sind bereits fünf Kilometer gegangen, werden noch drei Kilometer begleitet und haben dann noch … neun Kilometer vor
uns. Und jetzt ist es schon 15.30 Uhr?

Irgendetwas ist falsch gelaufen. Unter normalen Umständen würde ich mich jetzt einfach hinsetzen und losheulen.
Aber das kann ich – zumindest die nächsten drei Kilometer
– nicht bringen. Ich überdenke alles noch einmal und komme
zu dem Schluss, dass unsere beiden Gefährten ihren Spaß mit
uns treiben. Bestimmt liegt Oerlinghausen bereits hinter der
nächsten Biegung und sie machen sich dann auf den Weg nach
Hause.

Nach 4570 Schritten, ich habe jeden einzelnen gezählt,
dringt ein Rufen und das Gehaule von Motoren durch das
dichte Buschwerk an unsere Ohren.

„Da ist es. Hier wohnen wir. Hat Spaß gemacht mit euch."

„Passt auf euch auf und ruht euch aus, wenn es geht." Dann sind sie weg. Bleierne Schwere legt sich auf meine Glieder und ich widerstehe mit letzter Anstrengung dem Impuls, mich einfach hinzulegen. Noch neun Kilometer und wir sind gerade einmal acht gelaufen. Egal wie ich rechne, das Ergebnis bleibt beschissen. Also lasse ich die Zahlen hinter mir liegen und zähle weiter die Schritte. Denn diese sind real und bringen mich Stück für Stück bei jedem Mal dem Ziel etwas näher.

Pinkelpause
Durch Matsch, Dreck und Pfützen geht es weiter. Ich muss pinkeln, schiffen, ein paar Schlangentränen vergießen, kriege aber den Verschluss meiner Hose nicht geöffnet. Alles ist komplett durchnässt und das Leinenband um meine Hüfte hat sich durch den Regen erst aufgescheuert, dann verknotet.

Ich überlege kurz, ob es einen Unterschied machen würde, es einfach laufen zu lassen. Verlockend. Es wird weiterregnen und das Wasser alle Spuren beseitigen. Außerdem wäre es zumindest kurzfristig warm. Was aber, wenn Spuren zurückblieben. Ich habe nur diese eine Hose. Ohne Pressetermine und mit der Option auf eine Waschmaschine hielte mich jetzt nichts mehr zurück. Doch so suche ich nach einer anderen Möglichkeit.

Ich nestele an den Bändern herum, ziehe, pfriemele, zupfe, zerre und rupfe bis mich die Raserei erfüllt. Das kann nicht wahr sein, ist aber blutiger Ernst. Ich bekomme dieses blöde Band einfach nicht auf. Vernunft führt hier zu nichts. Mittlerweile halte ich nur noch einen Brei aus Fasern in den Händen, ein richtiges Knäuel. Ich nehme meinen Rucksack von den Schultern und suche in dessen unermesslichen Tiefen etwas zum Schneiden. Rucksäcke haben eine komische Eigenart. Beim Packen scheint nichts hineinzugehen. Bereits ein Bruchteil dessen, was eingepackt werden will, füllt den Sack. Da hilft nur stopfen, auch wenn die Möglichkeiten sehr begrenzt sind. Zumeist führt das dazu, die Packliste noch einmal abzuspecken.

Trotzdem ist es genau in dieser Situation nahezu unmöglich, etwas zu finden.

Dann kommt der Druck. Ich muss mittlerweile so dringend pinkeln, dass mir das Wasser fast aus den Ohren herausläuft. Hier gibt es gleich eine Riesensauerei, wenn ich den Stein nicht finde. Da endlich fühle ich etwas Spitzes an meinen Fingerkuppen. Dann die Gewissheit. Er ist zum Glück sehr scharf. Da muss ich nur aufpassen, dass ich mir nichts absäble. Während ich noch schneide und die Erlösung in greifbare Nähe rückt, beschäftigt mich ein Gedanke.

„Wie kriege ich nachher meine Hose wieder zu?"

Da reißt das Seil, der Bund springt auf und es kann losgehen. Mann, das war vielleicht dringend. Dann setzt die Ernüchterung ein. So leicht wird das mit dem Befestigen nicht. Vielleicht könnte ich einen Ast als Verbindungsstück nutzen. Gar nicht so schlecht. Hier liegt genug herum. Es dauert zwar etwas, doch es gelingt. Sieht nicht gut aus, drückt und schabt, aber es funktioniert, wie so viele Teile unserer Ausrüstung. Damit sind die Aufnahmekriterien erfüllt und wir können weiter.

„Komm endlich. Wir haben nicht ewig Zeit. Was hast du so lange gemacht?"

Oft holt einen die Realität schneller ein, als man denkt.

„Komme ja schon. Hatte ein paar Probleme mit meinem Hosenband."

Das Ziel vor Augen

Wir gehen weiter. Das heißt Veronika und Lukas gehen und ich trotte hinterher. Wie machen die das nur? Ich bin total erschöpft und sie lassen sich nichts anmerken. Als gäbe es nur das Ziel. Wie lange wir schon unterwegs sind, wie viele Kilometer noch vor uns liegen, wo wir gerade sind? All das ist mir gerade egal.

Ich stecke in meinen Gedanken und merke gar nicht, dass Veronika und Lukas stehen geblieben sind. Sie gestikulieren, schauen sich um und gucken aufs Tablet, das neben der

Kamera und einem Handy unsere Verbindung zur Außenwelt ist. Es ist ein Kompromiss, denn das Kartenmaterial hätte unsere drei Rucksäcke gefüllt. Das schmale Gerät in Lukas Händen hingegen zeigt uns alles, was wir brauchen und hilft uns sogar noch dabei, den Kontakt zur Außenwelt zu wahren.

„Was ist?" frage ich unbekümmert.

„Wir haben uns verlaufen. Zumindest sind wir in die falsche Richtung gegangen."

„Ist das schlimm?"

„Naja, das kostet uns vielleicht einen Kilometer oder auch zwei."

Mist. Der Regen, die Strecke und die Belastung sind schon schlimm genug. Und jetzt auch noch ein Umweg. Ich könnte kotzen. Wir gehen zurück. Was anderes bleibt uns nicht übrig. Ich werde zukünftig mehr auf den Weg achten. Zumindest nehme ich mir das vor.

Die Schilder am Wegesrand vermitteln einen ständigen Fortschritt: „Oerlinghausen 5 Kilometer". „Oerlinghausen 3 Kilometer". Dann nichts mehr. Es geht bergauf, nicht sprichwörtlich, aber streckenmäßig. Da kommt plötzlich von oben herab ein Läufer gerannt. Ich dachte bisher, wir wären die einzigen, die bei solch einem Wetter unterwegs sind. Getäuscht. Lukas hält ihn auf und fragt, wie lange es noch bis nach Oerlinghausen sei.

„Oerlinghausen, da seid ihr hier verkehrt."

Wenn ich nicht schon komplett nass gewesen wäre, hätte ich jetzt einen Schweißausbruch bekommen.

„Oerlinghausen liegt unten im Tal. Ihr müsst zurück. Keine Angst. Ist nicht weit."

Nicht weit klingt bei mir anders!

„Macht`s gut und viel Erfolg. Unten an der Gabelung einfach rechts halten."

Im Takt seiner Schritte, die langsam verhallen, geht es nun wieder zurück. Den Berg herunter. Nicht weit! Nicht weit. Nicht weit? Nicht weit ...

Veronikas Knie machen ihr zu schaffen. Sie kann kaum noch laufen. Gerade den Berg hinunter ist es sehr schwierig zu gehen und eine besondere Belastung für die Gelenke. Sie bleibt oft stehen, geht rückwärts oder macht zwischendurch Trippelschritte. So kommen wir kaum vorwärts. Das lässt sich aber auch nicht ändern. Wir haben bereits 18.30 Uhr, zumindest aber haben wir die Gabelung gefunden, von der der Läufer sprach. Ein erstes Anzeichen von Zivilisation blitzt durch das Blätterwerk. Und nach kurzer Zeit passieren wir auch schon ein Haus.

„Oerlinghausen 2,5 Kilometer".

Hoffnung.

Wiesen tauchen auf und weitere Häuser.

„Oerlinghausen 2 Kilometer".

Dann das Ortsschild.

„Wo müssen wir eigentlich hin?"

„Zum Freilichtmuseum Oerlinghausen. Das müsste eigentlich ausgeschildert sein."

„Da kommt noch ein Schild."

„Freilichtmuseum Oerlinghausen 1,5 Kilometer".

Ich kann nicht mehr, bin aber froh darüber, neben dem Ziel nun auch eine Perspektive zu haben. Es ist schön zu wissen, dass es hier Menschen gibt. Wenn ich mich jetzt auf die Straße legte, käme bestimmt jemand zu Hilfe. Das ist beruhigend. Vielleicht würde sich keiner trauen mich anzufassen aus Angst vor Krankheiten, aber es käme jemand.

Wir befinden uns noch am Anfang des Ortes. Der Ausblick ist ganz nett, doch die abführenden Straßen sehen sehr steil aus. Im Entenmarsch nehmen wir schließlich eine in Angriff. Es geht nur langsam voran. Gefühlte zehn Meter schaffen wir in zwei Minuten.

„Freilichtmuseum Oerlinghausen 1,2 Kilometer".

Vereinzelt werden Gardinen vorgezogen. Es sind also auch Leute zu Hause. Die, die uns auf der Straße begegnen, blicken uns neugierig an. Mit Regenschirm und Regenmantel wirken sie wie von einem anderen Stern, aber so ähnlich denken sie wahrscheinlich auch über uns. Wir fragen nach dem Weg und freuen uns fast schon, als uns ein Herr berichtet, dass es nur noch 700 Meter seien. 700 Meter können jedoch unendlich lang sein. Ein Taxi kommt jetzt wahrscheinlich nicht infrage. Der Straßenbeschilderung folgend gelangen wir an eine Biegung. Ich gehe auf alle Viere und setze mich danach auf die nasse Straße. Kurze Pause, dann geht es weiter. 300 Meter, ein Unding. Diese letzte Strecke, so kurz sie auch sein mag, könnte immer noch zu unserem Verhängnis werden. 300 Meter. 500 Schritte. 1800 Fuß. Das geht endlos so weiter. Dann endlich sehen wir das Museum. Wie ein Wassersuchender in der Wüste oder besser ein Ertrinkender der in Sicht einer rettenden Planke gerät, laufe ich auf die Eingangstür zu. Meine Hände legen sich auf die Klinke. Dann überkommt mich ein wahres Wonnegefühl. Unglaublich. Es ist warm, trocken und wir sind endlich am Ziel. Wir werden vom Direktor des Museums begrüßt. Kalt aber zumindest nicht abweisend.

„Ein Anruf wäre nett gewesen."

Der Vorwurf klingt unüberhörbar durch. Unsere Info lautete jedoch: „Egal wie spät, Hauptsache ihr kommt an". Wir berichten kurz von dem Erlebten und entschuldigen uns vielmals für die bereiteten Probleme.

„Akzeptiert. Dann zeige ich euch mal, wo ihr heute Nacht bleiben könnt."

Puuh. Glück gehabt. Wir werden aufgenommen und das ist das Wichtigste in diesem Moment.

Das Archäologische Freilichtmuseum Oerlinghausen e.V.

Ich bin schon einmal hier gewesen. Die Erinnerung ist da, aber verwischt. Große, dunkle Häuser aus Lehmwänden und mit einem Reetdach erbaut gehen mir durch den Kopf. Kurz fürchte ich, dass der Weg zu lang und zu beschwerlich sein könnte. Ich schaffe es kaum noch mich aufzuraffen. Doch ein trockener Schlafplatz für die Nacht will wohl verdient sein.

Das Haus liegt auf einem kleinen Hügel und riecht nach Erde und Bäumen. Kurz gesagt: Es ist das Beste, was uns passieren konnte. Es ist jungsteinzeitlich nachempfunden. Das Grundgerüst dieser Häuser bilden schwere Baumstämme, die im Abstand von wenigen Metern in den Boden eingelassen sind. In der Mitte sind diese Bäume am längsten, an den Seiten kurz, sodass eine Art Sattel entsteht. In den Wänden wurden Weidenäste eingeflochten und diese dann später mit Lehm bestrichen. Das Dach ist mit Reet gedeckt. So etwa werden die Häuser vor 7000 Jahren ausgesehen haben. Aber auch vor 200 Jahren noch hat man solche Anlagen gebaut, ähnlich der Fachwerkhäuser aus unserer Zeit. Es ist stockduster hier drin und wir brauchen ein wenig Zeit, bis sich unsere Augen an das Dämmerlicht gewöhnen.

Rekonstruktion eines jungsteinzeitlichen Hauses im Freilichtmuseum

„Wenn ihr euch ein wenig eingerichtet habt, will noch jemand zum Interview vorbeikommen."

Richtig. Die Dame von der Deutschen Presse-Agentur dpa, schießt es mir durch den Kopf. Das hatte ich bereits vergessen. „Sie hat den ganzen Abend auf euch gewartet, ist dann aber vor einer halben Stunde aufgebrochen. Sie wohnt nicht weit entfernt. Vielleicht könnt ihr ja das Feuer in Gang bringen und ich werde sie kurz anrufen."

Das Feuer brennt schnell, nur gibt es keinen richtigen Abzug. Kein Kamin, kein Schlot, nur die offene Flamme. Der Qualm sammelt sich an der Decke des Hauses, was schon seine Richtigkeit haben wird.

„Hallo", ertönt es da auch schon vom Eingang her. Die Zeit ist schnell vergangen und wir sehen eine Dame mit Regenschirm, die sich zu uns gesellt.

„Ihr seid ja richtig nass geworden."

Erst jetzt bemerke ich, dass ich immer noch tropfe, obwohl ich meine Klamotten mittlerweile teilweise ausgezogen habe. Schlagartig beginne ich zu zittern. Zu dritt kauern wir uns ans Feuer, während das Interview beginnt. Die Bilder sprechen für sich, der Tag ist schnell umrissen und das Projekt ist auch schon bekannt. Daher dauert es nicht lange. Wir zeigen unsere Wunden und davon gibt es bereits sehr viele. Füße und Rücken sind komplett aufgescheuert und auch die Beine haben etwas abgekriegt. Wir fühlen uns jedoch seltsam lebendig. Während wir abwechselnd sitzen, stehen und erzählen, wird es langsam warm und wir schöpfen etwas Kraft und Zuversicht für die Nacht. Unsere erste Nacht auf dem Ötzi-Walk.

„Auf Wiedersehen", ist das Letzte, was wir hören, bevor uns die Heimeligkeit dieses Ortes einhüllt. Ich entkleide mich komplett, hänge alles auf, packe den Rucksack aus und mache eine Bestandsaufnahme. Es hätte schlimmer kommen können, aber das kann es immer. Jetzt müssen wir zusehen, dass wir die Nacht überstehen. Außer dem Feuer gibt es hier keinen Ofen und kein Nachtspeichergerät, um uns zu wärmen.

Wir breiten die nassen Felle aus, legen uns hin und blicken ins Feuer, das immer kleiner werdend, irgendwann verlischt. Ein Fehler, wie sich später herausstellen wird.

Das war der erste Tag, der regenreichste Tag im Lippischen Land seit Beginn der Wetteraufzeichnung. Doch wir hatten ihn überstanden. Wir waren immer noch unterwegs und hatten etwas Wichtiges gelernt: „Unsere Kleidung ließ zwar etwas zu wünschen übrig, doch unsere Einstellung stimmte und wir waren bereit, weitere Herausforderungen zu meistern, die noch kommen mochten." Jedenfalls redeten wir uns das ein.

Ankunft in Oerlinghausen – vor dem nachempfundenen jungsteinzeitlichen Haus

Tag 2 / 17. August 2015

Die Ruhe nach dem Sturm

Es ist mitten in der Nacht. Zumindest bleibt alles dunkel, während ich die Augen öffne. Ohne Uhr lässt sich das nie sicher bestimmen. Unter normalen Umständen würde ich jetzt die Decke richten, einen Blick auf die Digitalanzeige meines Radioweckers werfen und mich dann wieder ins Kissen kuscheln. Doch der Leinen-Schlafsack sitzt wie eine Zwangsjacke und mein Kissen besteht aus gestampftem Lehm und nacktem Boden. Ich brauche ein wenig, um mich zu orientieren. Dann jedoch weiß ich wieder, wo ich bin. Das Haus ist groß, kalt und feucht, die Wärme der Feuerstelle längst Geschichte. Früher brannte ein stetes Feuer in diesen Häusern, drängten sich die Tiere im vorderen Teil des Gebäudes zusammen und spendeten den auf Fellen und Decken liegenden Menschen Wärme.

Die nächsten Stunden verbringe ich damit, eine angenehme Schlafposition zu finden. Das Drehen jedoch gelingt nur gemeinsam und ist ein schwieriges Unterfangen. So rütteln Veronika und ich uns gegenseitig wach, um mal die Schulter, mal die Hüfte zu entlasten. Die Nacht ist traumlos, doch trotz aller Widrigkeiten fühle ich mich erholt. Ich ärgere mich nur darüber, nicht mehr Feuerholz bereitgelegt zu haben.

Eine haarige Angelegenheit

Lukas liegt direkt neben mir. Seine Haarmähne verteilt sich wie ein Sternenkranz über den Boden. Das ist selbst im Schein der noch glühenden Scheite zu erkennen. Da ist bei mir nicht viel zu holen. Haarausfall gehört zu den Männerköpfen meiner Familie, wie das Eis zur Antarktis. In jungen Jahren setzte meine Großmutter alles daran, den Verlust meiner damals bereits dürftigen Haarpracht zu stoppen. Kaffeepulver und Brennesselsud galten meiner großmütterlichen Wunderheilerin als die Mittel der Wahl. Für mich klang es jedoch immer mehr nach

Beschäftigungstherapie als nach einer Tinktur gegen Haarausfall. Es konnte, sollte, musste einfach funktionieren. Der Kopf meines Vaters gleicht heute zwar eher einer Bowlingkugel als einer Wildweide, doch diesen Umstand ignorierte meine Großmutter und nutzte nun meinen Schädel als Exerzierplatz für ihre Gefechte. Die Strategie: Verbrannte Erde bringt irgendwann umso üppigeren Bewuchs hervor. Es kam anders. Das war nicht schlimm, nur etwas schade. Haare wärmen ganz einfach. Das merkt man spätestens dann, wenn man keine mehr hat.

Haarausfall ist wahrscheinlich so alt wie die Menschheit selbst. Zumindest verrät uns ein 3500 Jahre altes Papyrus, dass bereits die Ägypter mit einer Vielzahl von Heilmitteln dagegen vorzugehen wussten. Eines davon stellte eine Mixtur aus Nilpferd-, Krokodil-, Kater-, Schlangen- und Steinbockfetten dar. Ein anderes bestand aus gekochtem Stachelschweinhaar. Doch bei allem Einfallsreichtum scheint es kein Wunder, dass viele Ägypter statt der Medizin zu Perücken und falschen Bärten griffen. Auch die Griechen setzten sich mit derlei Dingen auseinander. Hippokrates, der selbst an Haarausfall litt, verschrieb gerne ein Gebräu aus Opium, Meerrettich, Taubenkot, Rote Bete und Gewürzen. Ob dies jedoch Haarausfall vorbeugte oder eher einen Grund für den nächsten Schub lieferte, wage ich nicht zu sagen. Er fand jedoch heraus, dass Eunuchen niemals kahl wurden. Dieser Prozedur schien sich aber keiner freiwillig unterziehen zu wollen.

Auch Julius Caesar blieb vom Haarausfall nicht verschont. Seine Geliebte, Kleopatra, empfahl ein Heilmittel aus gemahlenen Mäusen, Pferdezähnen und Bärenfett. Als das nichts half, krönte er sein Haupt mit einem Lorbeerkranz.

Letztlich scheinen alle Mittel recht zu sein, so lange es Menschen gibt, die den Lauf der Dinge ändern wollen. Ich halte es in dieser Nacht wie die Kölner. „Et es wie et es", „et kütt wie et kütt" – und während ich mein Haupt mit den restlichen herumliegenden Leinenstücken umwickle, bin ich mir sicher: „Et hätt noch immer jot jejange."

Der Kleber der Steinzeit

Mein Körper schmerzt. Nicht nur ein Teil, sondern das gesamte Gefüge. Er ist steif und unbeweglich. Wie eine rostige Fahrradkette, die seit geraumer Zeit nicht mehr geölt wurde. Erst nach und nach löst sich die Verspannung mit viel Geduld und kleinen Bewegungen.

Das Licht ist schummrig und scheint sich eher ins Haus verlaufen zu haben, als dass es hier hinein wollte. Draußen regnet es noch immer. Die Wolken hängen schwer am Himmel und dichter Nebel liegt auf Bäumen, Sträuchern und Gräsern rund ums Haus. Das Feuer ist schnell wieder in Gang gesetzt und wir genießen es erst einmal, in den Regen zu starren, statt hindurchlaufen zu müssen. Loszuwandern hätte keinen Zweck, doch werden wir mit dieser Zwangspause auch einen ganzen Tag verlieren. Ein ganzer Tag, der unsere Pläne durchkreuzt. Für Lukas' Füße ist das jedoch gut und auch mein Rücken freut sich über die Ruhe. Veronika lässt sich hingegen nichts anmerken. Ich denke jedoch, dass ihre Knie und Füße die Pause ebenfalls genießen.

Auch wenn unsere Weiterreise vorerst ungewiss ist und unser Vorhaben, in einer Woche Herne zu erreichen, eine große Herausforderung bleibt, lassen wir uns nicht entmutigen. Ötzi hatte wahrscheinlich keinen allzu fest gestrickten Terminplan und mit Sicherheit des Öfteren einen Platz am Lagerfeuer als unter einem wolkenverhangenen, verregneten Himmel. Wir fragen im Museumsbüro nach, ob ein weiterer Tag Aufenthalt in Ordnung wäre und sind froh über das Okay.

In der Zwischenzeit lernen wir den Park etwas besser kennen: Hier gibt es Behausungen jedweder Art. Angefangen mit einer rudimentären Hütte aus Stämmen und einem steinzeitlichen Lagerplatz bis hin zu den Großbauten der ersten Siedler ist alles vertreten. Dazwischen liegen ein kleiner Teich mit Reet und Gärten mit allerlei Kräutern, Pflanzen und Beeren. Natürlich gibt es hier auch eine Toilette, was mich persönlich sehr erfreut. Ein Wohlfühlerlebnis der ganz besonderen Art. Meinen nächsten Wellnessurlaub mache ich wahrscheinlich bei Ville-roy und Boch. So eine Schüssel zum Sitzen ist schon toll und Klopapier gibt es auch. Zwar sind Blätter in Ordnung, doch so richtig sauber wird es nie.

Wir drehen eine Runde auf dem Gelände und entdecken, dass es neben Mäusen, Käfern und kleinen Häschen auch noch andere Bewohner gibt. Hier in einem der frühmittelalterlichen Häuser ist eine Reenactment-Gruppe abgestiegen, von denen wir ab und an ein paar Blicke erhaschen. Sie betreiben experimentelle Archäologie. Das heißt, sie versuchen alles genau so zu machen, wie es unsere Vorfahren auch getan hätten, mit den Mitteln, die damals zur Verfügung standen. Sie lassen sich Zeit bei dem, was sie tun, nähen, sticken und schmieden sogar in einer provisorisch eingerichteten Werkstatt. Mittendrin wird gelagert. Brot, Speck, Spezereien und Bierkrüge lassen die Freuden des Beisammenseins erkennen. Wie leicht wäre es jetzt, den Arm auszustrecken und nach ein paar Fleischresten zu greifen oder etwas von den gefüllten Teigtaschen zu kosten. Doch ich will es mir nicht gleich beim ersten Treffen mit unseren neuen Nachbarn verscherzen.

Zurück in unserem Haus werden wir bereits erwartet. Einer der Museumsarbeiter ist Experimentalarchäologe. Wir kommen ins Gespräch und erfahren etwas über den Park, die Arbeit und das Leben in Westfalen. Der Fernsehsender Sat.1 hat sich angekündigt. Noch heute. Sie wollen vorbeikommen und uns und unseren Tagesablauf filmen. Da wir ohnehin nichts vorhaben, ist es besiegelt. Wir wissen zwar nicht, worauf wir uns da einlassen, aber wir freuen uns über die willkommene Abwechslung.

Leider ist unser Gefäß an diesem Morgen etwas in Mitleidenschaft geraten. Bei dem Versuch es an passender Stelle aufzuhängen, um es vor unbedachten Bewegungen zu schützen, fiel es herunter. Zwar ist es noch intakt, doch fehlt jetzt ein Teil der Außenwandung. Zum Glück hat das Museum etwas Birkenpech vorrätig. Richtig angewendet, kann man damit zerbrochene Dinge wieder reparieren oder auch miteinander befestigen. Seit Menschengedenken dient es als Klebemittel für allerlei Werkzeug. Es riecht harzig und wird aus Birkenrinde gewonnen, indem diese unter Luftabschluss verbrannt wird. Nach einiger Zeit bleibt eine klebrige Masse übrig, die direkt verarbeitet werden kann.

So viel zur Theorie. Gestern gab es hier in Oerlinghausen einen Info-Tag zum Thema Birkenpech. Und natürlich wurde auch eine Menge davon hergestellt. Das ist gar nicht so leicht. Während meiner Studienzeit habe ich es selbst einmal versucht und bin kläglich gescheitert. Zwar ließ sich die Rinde prima vorbereiten und auch ohne Luftzufuhr verkohlen, doch blieb am Ende nichts übrig außer ein wenig Asche. Erst nach gefühlten zehn Versuchen gelang es mir, ein etwa daumendickes Stück Birkenpech herzustellen. Das Tolle an dem Zeug ist, dass es sich beliebig oft nutzen lässt. Die Reste müssen nicht etwa eingepackt werden, sondern werden bei Gebrauch einfach weich geknetet. Öko hoch zehn, wenn man den Herstellungsprozess einmal ausklammert.

Eine Begegnung der vierten Art

Veronika und Lukas ziehen später noch einmal los, um frische Luft zu schnappen. Und ich mache das, was ich am besten kann. Ein Nickerchen. Als ich erwache, steht Sat 1 im Eingang zusammen mit dem Museumsleiter.

Mist. Mein ganzes Gesicht ist feucht, was leider nicht am Regen liegt. Ich will gar nicht wissen, wie zerknautscht ich aussehe und hoffe, dass das Dämmerlicht das Gröbste kaschiert. Der Besuch lässt sich jedenfalls nichts anmerken.

Sie sind zu zweit. Mann und Frau. Sie mit der Kamera, er davor. Sie ist hübsch, wovon ich mich in den nächsten Minuten etwas ablenken lasse.

„Wie lange macht ihr das jetzt schon?"

„Ja, klar."

„Also schon länger. Und gefällt es euch so zu leben?"

„Zwei Tage."

Irgendwann spielen wir uns jedoch ein und das Frage-Antwort-Spiel läuft synchron. Wir lernen uns kennen. Sie heißt Julia, er Patrick. Heute möchte er in die Rolle eines Jungsteinzeitlers schlüpfen und unseren Tag einmal miterleben. Zwar ist das hier kein durchschnittlicher Tag, denn Faulenzen gehörte wohl eher zu den selteneren Beschäftigungen eines Bauern, doch lässt sich mit Sicherheit etwas inszenieren. Ein Haus der Zeit, Mahlsteine, Gefäße und etwas Essen sollten dafür eigentlich ausreichen. Hauptsache wir präsentieren etwas, ohne uns dabei vollkommen lächerlich zu machen.

Wir ahnen schon, dass die Sendung nicht unbedingt mit Galileo konkurriert, sondern eher auf Unterhaltung aus ist. Irgendwie nimmt mir diese Erkenntnis aber auch ein wenig meiner Anspannung.

Nachdem die Rahmenbedingungen abgeklärt sind, machen wir uns bereit. Patrick hat die Idee, in jungsteinzeitlichen Klamotten aufzutreten. Doch hier ist guter Rat teuer, denn wir haben jeweils nur eine Montur für uns gefertigt. Zum Glück hat Oerlinghausen noch ein paar Sachen in petto. Nach einer ersten Sichtung und der folgenden Anprobe stellen wir jedoch fest, dass die Sachen mindestens drei Nummern zu klein für unseren Möchtegern-Jungsteinzeitler sind. Um den Bauch herum spannt das Oberteil ganz schön. So etwas will selbst Patrick nicht im Fernsehen zeigen. Wir durchforsten noch einmal unsere Rucksäcke, sortieren noch einmal unsere Kleidung und können letztlich eine Hose und ein Oberteil entbehren, ohne selbst nackt dazustehen. Dann ist alles vorbereitet. Lustigerweise gibt es sogar eine Klappe. Wir hören noch „Oerlinghausen, die Erste" und schon geht es los.

Wir sitzen am Feuer und beschäftigen uns mit dem, was gerade in Reichweite liegt. Noch trägt Patrick seine gewöhnliche Kleidung. Vom Gesagten kriege ich kaum etwas mit. Dafür bin ich viel zu aufgeregt.

„So. Wollen wir doch mal sehen, wie die Steinzeitmenschen gelebt haben."

Steinzeit. Das ist so weit gefasst, als vergliche man Römer mit Indianern. Aber gut.

„Veronika, Lukas und Marco wollen in den nächsten beiden Wochen das Leben der Steinzeitmenschen nachempfinden. Wie das so ist, werde ich nun selbst einmal testen."

Ich bin gespannt. Er schnippt einmal mit den Fingern, was nach dem Schnitt das Zeichen für den Zeitsprung sein soll. Schnell in die Leinenklamotten geschlüpft und schon geht es weiter beim Steinzeittalk. Kamera los und Action.

„So. Die Kleidung ist schon etwas gewöhnungsbedürftig. Juckt ganz ordentlich."

Demonstrativ kratzt sich unser neu gewonnener Aspirant an Armen und Beinen. So schlimm kann es gar nicht sein und wenn, dann juckt es im Schritt.

„Schauen wir doch mal, was die drei so machen."

Veronika trocknet ihre Schuhe und hängt den Schweinedarm in langen Streifen auf die Leine. Die Schuhe sind immer noch total aufgeweicht und das eingenähte Fell sieht arg mitgenommen aus. Hoffentlich wird das wieder. Der Darm hingegen ist prächtig, worauf ich ehrlich gesagt auch etwas stolz bin. Ans Darmbearbeiten erinnere ich mich noch gut. Anfangs haben wir uns über diesen Werkstoff wirklich den Kopf zerbrochen. Ötzi hatte Nähte aus Hirschsehne, aber die ist viel zu teuer im üblichen Handel. Ein Meter kostet da schnell seine 15 Euro. Und wir haben alles in allem 140 Meter Darm verbraucht. Pflanzenfasern aus Rinde oder Brennnessel hätten es ebenfalls getan, aber die können im Regen leichter aufweichen und sind schwerer vorzubereiten. Daher war Darm das Naheliegendste.

Das erste Paket kam an einem Mittwochmorgen. 20 Meter feinster Tierdarm. Über das eingeschweißte Paket habe ich mich noch sehr gefreut. Dann aber nahm ich die Schere zur Hand und öffnete die Büchse der Pandora. Darm riecht wie nasser Hund vor Ventilator. Der ganze Raum war schnell erfüllt von diesem kräftigen Geruch. Auch Waschen hat da nicht viel geholfen, was sich aber deutlich auf die Konsistenz auswirkte. Aus salzig-feucht wurde glibberig-glitschig. Erstmal war da Trocknen angesagt. Zum Glück hatten wir draußen im Gemeinschaftsgarten viel Platz. Nach einer Stunde in praller Sonne hatte sich der Darm jedoch praktisch aufgelöst. Zwar lagen überall noch ein paar Reste herum, doch mit denen war leider nichts mehr anzufangen. Aus dem Augenwinkel konnte ich dann auch die Übeltäter erkennen. Die Katzen der Nachbarschaft leckten ihre Zungen und schienen bester Laune.

Es blieb nur der Rückzug in die eigenen vier Wände, erneutes Waschen und Trocknen inklusive. Ich spannte also den nassen Darm zwischen Bücherregal und Türklinke, was beinahe ein Ding der Unmöglichkeit war. Doch nach einigem Hin und Her – zwischenzeitlich riss der Darm und verteilte sich klebend und unheimlich eklig über die gesamte Türfläche – war es vollbracht: Der Darm hing und trocknete, zumindest so lange, bis Veronika von der Arbeit nach Hause kam. Ohne Vorwarnung sprang ihr das Zeug direkt ins Gesicht und verteilte sich auf ihrem Körper. Nur mit vereinten Kräften haben wir es dann doch noch geschafft. Die ersten 20 Meter waren gewaschen, getrocknet und gewachst. Die Probe aufs Exempel konnte sich dann auch sehen lassen. Nach den anfänglichen Schwierigkeiten also ein Erfolg auf ganzer Linie.

Das alles zieht mir so schnell durch den Kopf, wie es dauert, einmal mit den Augen zu zwinkern. Lukas bereitet das Essen vor. Haselnussbrot, Ziegenkäse und Nüsse liegen schon bereit, während er noch ein paar Möhren mit einem Feuerstein schneidet. Des Weiteren haben wir Fenchel, Sellerie und Äpfel im Angebot und zwei Säckchen Gerstenflocken. Das ist alles. Ich beklebe derweil unser Gefäß mit Birkenpech. Alles wird gefilmt und kommentiert. Auch wenn mich das Gefühl beschleicht, hier vollkommen fehl am Platz zu sein, macht es doch auch Spaß.

„Schnitt. Hey, wie wäre es, wenn ich mich kurz schlafen lege oder zumindest so tue. Wäre doch eine ganz nette Sache, oder?"

Natürlich ist das eine rhetorische Frage und die Sache bereits entschieden. Ich zucke die Achseln und zeige ihm, wie wir die erste Nacht geschlafen haben. Wir breiten die Felle aus und legen einen der Leinensäcke darauf. Anfangs ist es über alle Maßen bequem. Doch nach einer Weile, die es gewöhnlich braucht ein Schaffell auszubürsten, spürt man die kleinen Unebenheiten, die übersehenen Steinchen oder die Dinge, die sich unweigerlich im dichten Fell verfangen. Patrick hat gerade die Augen geschlossen, da regt er sich auch schon wieder.

„War das ein schönes Nickerchen. Nach solch einer Pause hätte ich gerne etwas zu trinken."

Das war klar. Doch unser Gefäß ist leer. Und so brechen wir auf, um frisches Wasser am nahe gelegenen Bach zu holen. Leider regnet es immer noch unvermindert. Lukas bietet sich an, allein mit Patrick zu gehen. Doch so will ich sie nicht ziehen lassen. Einmal raus aus dem Park, laufen wir auf Asphalt. Die Luft riecht frisch, ganz anders als in unserer Behausung. Doch gegen ein trockenes Lager ist nichts einzuwenden und die stickige Luft ein gern gezahlter Preis. Der angesteuerte Bachlauf entpuppt sich als Rinnsal. Viel zu klein, als dass ich ihn unter normalen Umständen bemerken würde. Der Regen der letzten beiden Tage hat ihn jedoch genährt. Patrick schnappt sich unser Trinkgefäß und stellt sich mitten ins Wasser. Nachdem er die Flasche befüllt und wieder zu uns zurückgekehrt ist, trinken wir alle. Es schmeckt passabel und dabei lassen wir es bewenden.

„Durstig bin ich jetzt nicht mehr. Aber ich würde gerne noch etwas essen. Wie wäre es, wenn wir uns gleich hier etwas Essbares suchten."

Kurz überlege ich, ob er das gerade ernst gemeint hat. Auf der Straße liegen Regenwürmer, Blätter und einige Stöcke. Nicht besonders einladend. Da entdecke ich Waldklee. Der schmeckt etwas bitter, ist aber besser als Regenwürmer on the rocks. Lukas sammelt noch ein paar Brennesselblätter dazu und kurze Zeit später schauen wir Patrick dabei zu, wie er alles im Mund vor laufender Kamera verschwinden lässt. Zum Glück mussten wir nicht dafür herhalten. Spätestens bei den Brennnesseln wäre ich nämlich ausgestiegen.

Lukas regelt das alles so entspannt, als wäre er vor der Kamera aufgewachsen. Er hat sogar schon Dreherfahrungen und spielte als Handdouble in „Die Päpstin". Ich habe mich nach den Dreharbeiten total auf den Film gefreut. Denn es ist eigenartig, jemanden Bekannten auf der Leinwand zu sehen. Lukas oder besser gesagt sein Finger war zwar nur eine viertel Sekunde zu sehen, doch das reichte bereits aus, um meine Begeisterung zu entfachen. Die Szene, in der der Gesandte seinen Finger samt Ring verliert, hat für mich Kultcharakter.

Aus dem Leben eines Taugenichts

Ich bin froh wieder im Haus zu sein. Noch einen letzten Dreh, dann ein Abschiedsfoto. War gar nicht so schlimm. Wieder unter uns stecken wir mit den Erinnerungen noch voll im Tag. Ich denke an die Brennnesseln und daran, dass sie eigentlich nicht roh gegessen werden. Brennnesseltee oder -suppe, vielleicht Salat oder geschnitten auf Brot. Aber einfach so? Patrick gehört in jedem Fall meine Anerkennung und wir lachen über das Ganze. Den Rest des Tages flicken, trocknen und faulenzen wir. Genau in dieser Reihenfolge. Diesen Prozess einmal durchlaufen, starten wir von vorne, nur dass wir dieses Mal einfach noch etwas länger faulenzen. Der Abend dämmert, die Nacht beginnt, das Feuer wärmt unsere Hände, unsere Füße und auch unsere Gemüter. Dieses Mal sind wir besser gerüstet. Wir haben genügend Holz bereitgelegt, um die Nacht im Schein der Flammen zu überstehen. Zwar müssen wir jede Stunde etwas nachlegen, doch das nehmen wir gerne in Kauf. Ich schlafe besser, fühle mich wohler und es ist sehr beruhigend beim Erwachen in die lodernden Flammen eines brennenden Feuers zu blicken.

Tag 3 / 18. August 2015

Der Weg zurück

Ich bin wach. So viel zu den Tatsachen, doch wünschte ich mir, es wäre anders. Mein Rücken schmerzt, meine Beine fühlen sich an, als wären sie einzementiert und mein Kopf gleicht einem Wasserbecken voller Krebse. Es liegt nicht an mangelnder Wärme, sondern am schweren Rauch, der sich dunkel und unheilvoll auf mein Gemüt und meinen Geist gelegt hat. Nicht alles zieht aus dem kleinen Eingang ab und ich beginne zu husten, ehe ich mich langsam hochquäle.

Die Rasselbande

Was würde ich für eine weitere Mütze voll Schlaf geben! Doch das geht nicht. Heute haben sich ein paar Schulklassen angekündigt, um den Park und unser Haus zu besichtigen. „Unser Haus" klingt irgendwie schon sehr heimisch. Mit viel Geschrei und Gekeile stürmen sie da auch schon heran. Ein Haufen, der erst einmal organisiert sein will. Doch die Lehrer haben alles gut im Griff. Als sie uns entdecken, ist sowieso erst einmal Vorsicht geboten.

Leider regnet es immer noch und wir sind gezwungen abzuwarten. Da wir nicht einfach unbeteiligt im Raum stehen wollen, stellen wir uns zu den Schülern und leisten ihnen etwas Gesellschaft. Natürlich wollen sie wissen, wer wir sind, woher wir kommen und was wir machen. Sie können sich kaum vorstellen, dass wir hier übernachtet haben und noch weniger, dass wir die nächsten Nächte unter freiem Himmel verbringen werden.

„Warum tragt ihr so komische Klamotten?"

Gute Frage. Leinen und Leder sind wirklich etwas gewöhnungsbedürftig.

„Das trugen die Leute, die damals in solchen Häusern gewohnt haben", antworte ich.

„Sieht aus wie ein Schlafanzug", sagt eines der Kinder und zeigt mit dem Finger auf mich. Das Gelächter ist natürlich groß.

Nacheinander präsentieren wir den Kindern unser Gepäck. Sie staunen über die vielen Felle, befühlen die Rucksäcke und machen sich gegenseitig auf das ein oder andere Stück aufmerksam.

„Die letzten Tage hat es sehr viel geregnet. Deshalb haben wir hier Schutz gesucht. Heute soll es besser werden. Wir warten nur noch darauf, dass ihr uns etwas von eurem gebackenen Brot abgebt."

„Gab es das denn damals schon?"

„Es gab noch viel mehr als das. Käse, Fleisch, Nüsse, Getreide, Linsen, Erbsen, Honig und Milch. Eigentlich fast alles, was auch bei euch zu Hause auf dem Tisch steht."

„Immer schon?"

„Was immer schon?", frage ich.

„Na, gab es diese Sachen immer schon zu essen?"

„Nein. Hier nicht. Die Idee, Brot zu backen und Käse herzustellen, kommt aus einem anderen Land "

„Welches Land war das denn?'

„Bestimmt Amerika!", sagt ein kleines Mädchen mit vielen Sommersprossen im Gesicht.

„Da kommt mein Opa her. Der bringt immer neue Sachen mit, von denen ich noch nie etwas gehört habe."

Ich verkneife mir ein Grinsen und erwidere, dass dem nicht so sei und das Land, das ich meine, im Osten läge.

„Ali kommt aus dem Osten. Stimmt doch, Ali?", fragt einer der Schüler.

Ich bin gespannt.

„Woher kommst du, Ali?"

Außer einem verlegenen Räuspern höre ich nichts.

„Woher kommst du, Ali?", die Lehrerin scheint vertrauensvoller, denn er antwortet prompt.

„Syrien."

Das ist doch mal was. „Syrien", sage ich. „Genau daher kamen auch das Brot und der Käse."

„Boah, echt? Das ist ja cool." Den Kindern scheint das zu gefallen und Ali grinst glücklich.

Natürlich ist alles ein wenig komplizierter, aber dafür ist hier nicht der richtige Ort und es scheint auch nicht die richtige Zeit. Die ältesten Belege für Getreidezüchtung gibt es aus dem Karacadağ-Gebirge in der Türkei. Doch das zu erklären wäre ein allzu eitles Unterfangen.

Bevor die Kinder den Teig anrühren, muss erst einmal das Korn gemahlen werden. Zwei Steine sind dafür vonnöten: ein Unterlieger, der groß und schwer ist und ein Läufer, mit dem man über das Getreide reibt. Mehl und Spreu bleiben dann als buntes Gemisch übrig. Zusammen schmeckt es nicht, doch mit ein wenig Geschick und etwas Wind lässt sich beides voneinander trennen. Wirft man das Gemenge in die Luft, so trägt der Wind die Spreu fort. Ich bin gespannt, wie sich die Kinder anstellen werden.

Wieder auf Wanderschaft

Nach einer Weile lässt der Regen nach. Zwar ist es immer noch feucht, doch wir schöpfen neuen Mut. Also packen wir unsere Sachen und brechen auf.

Aufbruch von Oerlinghausen

Endlich wieder draußen zu sein ist ein schönes Gefühl. Die Kinder winken uns hinterher und bieten uns etwas von ihrem frisch gebackenen Brot an. Es riecht sehr gut und schmeckt noch viel besser.

Beginnt man eine Reise, ist es anfangs kalt und der Körper noch klamm. Die Welt ist manchmal rau und grob und unheimlich. Es gibt vieles, was mich verunsichert, mich klein und gebrechlich fühlen lässt. Doch jeder Meter, jeder Schritt gibt neuen Mut. Und so kommen wir langsam in Fahrt.

Erst jetzt merke ich, wie sehr das Feuer unseren Tag, der Rauch unsere Gedanken bestimmte. Je weiter wir uns entfernen, desto sicherer werden meine Tritte, desto klarer wird die Sicht. Es ist, als löse sich mit jedem Schritt ein Teil der bleiernen Schwere. Ich atme frische Luft. Kaum vorstellbar, es länger in diesem ständigen Qualm auszuhalten. Doch das wird zu Ötzis Zeiten nicht anders gewesen sein. Ein ärztliches Attest beschied ihm nämlich das Organ eines Kettenrauchers, was aller Wahrscheinlichkeit nach auf lange Abende an rauchigen Feuern in dunklen Häusern zurückzuführen ist.

Heute steht der Fernsehsender RTL auf unserem Programmplan. Wir haben uns an einem nahe gelegenen Parkplatz verabredet. Zu weit entfernt, um länger im Park zu verweilen, zu nah, um an richtiges Wandern zu denken. Leider sind wir eine Stunde zu früh am vereinbarten Treffpunkt. Je mehr Zeit verrinnt, desto kälter wird es. Wir treten auf der Stelle, vertreiben uns die Zeit mit Plänkeleien, überprüfen die Ausrüstung und warten.

Dann endlich naht ein Auto. Die junge Frau darin sieht ganz anders aus, als ich es mir vorgestellt habe. Das stylische Outfit und das geschäftige Erscheinungsbild passen eher zu einem Modekonzern als zu einem Fernsehsender. Sie glänzt und schillert trotz des diesigen Himmels. Ähnlich wie wir, trägt sie Leder. Doch handelt es sich hierbei um ein Imitat. Die Funktion ist dieselbe, doch kommt noch ein weiterer Aspekt hinzu. Es soll möglichst sexy und aufsehenerregend wirken, weniger funktional und robust. Nach einer ersten Inspektion geht es los. Kein Interview, reines Wandern. In die eine, dann in die andere Richtung, aber immer derselbe Weg. Unsere Route führt zurück über Detmold. Oerlinghausen war wegen der Hausrekonstruktion nur eine Zwischenstation für die Pressearbeit. Es geht also wieder Richtung Hermannsdenkmal und die Journalistin geleitet uns dabei auf den ersten Metern.

Immer noch sind große Teile der Straße weggespült, immer noch ist der Boden sehr nass und wir sind bemüht, trockenen Fußes weiterzukommen. Zwar weiß ich, dass wir vorgestern genau diese Strecke gewandert sind, doch erkenne ich keinen einzigen Zentimeter wieder. Mein Rücken schmerzt bereits nach den ersten Kilometern, doch mit der Kamera im Rücken lasse ich mir nichts anmerken. Zum Glück ergeht es den anderen beiden genauso. Da heißt es Zähne zusammenbeißen. Und nach einer Weile verlässt uns die in Lackleder gekleidete Frau auch wieder. Ein kurzes Intermezzo für „Fame" und Fernsehen.

Ich frage mich, ob wir den Weg bewältigen können, ob wir überhaupt einen Tag durchhalten oder ob unser Projekt bereits jetzt schon beendet ist. Veronikas Knie haben sich über den Ruhetag gefreut, ihre Füße sind jedoch ziemlich wund. Zwar habe ich ihre Schuhe erneut angepasst, doch die Nässe hat ihnen ordentlich zugesetzt. Sie schlägt sich jedoch wacker und hat die Schwachstellen mit Schafsfell ausgepolstert.

Kleider machen Leute

Es sind gute 13 Grad. Nicht gerade bitterkalt, doch reicht es zum Frieren. Ein Glück, dass es windstill ist. Am Körper trage ich nur ein Oberteil, eine Hose und eine Unterhose aus Leinenstoff, die wahnsinnig scheuert. Bei nächster Gelegenheit schlage ich mich in die Büsche, um nachzusehen, wie ernst die Lage wirklich ist.

Es ist schlimm. Mag sein, dass Männer in dieser Beziehung überempfindlich reagieren. Doch wäre jede Beule, jede

Prellung und jeder Bruch leichter zu ertragen als dieser Anblick. Wie es der Zufall will, zerreißt meine Unterhose. Nicht an der Seite, sondern unten im Schritt. Zuerst ärgere ich mich über dieses zusätzliche Missgeschick. Doch schnell wird mir klar, wie komfortabel diese neue Situation eigentlich ist. Ich denke an freies Geläut, Glocken im Wind und bin mir sicher, dass es momentan nichts Schöneres geben kann.

Die Kleidung der Jungsteinzeit muss praktisch gewesen sein, so viel ist sicher. Leider gibt es bisher keine archäologischen Funde aus dieser Zeit, ausgenommen der Kleidung Ötzis. Er trug zum Beispiel:

- Lendenschurz aus Schaffell,
- Rindsledergürtel,
- Beinlinge aus Ziegenleder,
- Schuhe aus Rind- und Bärenfell,
- Schnürsenkel aus Lindenbast.

Denkbar ist noch vieles mehr. Doch fehlen bislang beweiskräftige Funde. Im Sommer, wenn es heiß war und viel Arbeit auf dem Feld, an den Häusern oder auf der Weide anstand, wird es wohl der Lendenschurz gewesen sein, der die wichtigsten Körperteile bedeckte. Ein Stück Stoff oder Leder, das um die Hüften gewickelt und mit einem Seil zusammengehalten wurde. Im Winter waren es Hosen, Beinlinge, Kleider und Mäntel, die vor der Kälte schützten. Doch wie auch immer die Kleidung geartet war, wird der Funktionalität immer die größte Bedeutung beigemessen worden sein.

Aus Ungarn sind zwar keine Gletschermumien bekannt, doch dafür zwei knapp 7000 Jahre alte Tonfiguren, die Miniaturausgaben einer Frau und eines Mannes. So unspektakulär dies klingen mag, sind es Abbilder einer völlig neuen Kultur – die Urahnen unserer heutigen Zivilisation. Vielleicht haben sie sich im heutigen Ungarn vor vielen tausend Jahren niedergelassen und ihre Nachkommen hielten ihr Andenken in Ehren. Vielleicht wurden sie als Gottheiten verehrt, als Schutzpatrone oder Würdenträger. Ganz gleich, welche Bedeutung ihnen früher einmal zuteil wurde, sind sie heute unschätzbare Botschafter einer längst vergangenen Zeit.

Darstellungen von frühen Bauern aus Ungarn, ca. 4900 v. Chr.
(Fundplatz Szegvár Tüzköves)

Auf der Schulter des Mannes liegt eine Sichel. Im Original war diese halbmondförmig gebogen. Aus Holz gefertigt mit Einsätzen aus Feuerstein und einer Birkenpechverklebung war sie eines der wichtigsten Attribute der Farmer. Um seine Hüfte herum liegt eine Art Gürtel oder Leinband. Wirft man einen genaueren Blick auf die Frauenfigur so lässt sich erkennen, dass ihr Körper mit Verzierungen bedeckt ist. Dies waren keine Tattoos oder Bemalungen, sondern Ausdruck der handwerklichen Kunstfertigkeit: An Webstühlen wurde Lein zu Kleidung verarbeitet und mit Zickzackornamenten oder ähnlichen Mustern verziert, wahrscheinlich dann in Teilen sogar gefärbt. Leider fehlt ihr Kopf. Ihr Hals ist derart schlank ausgefallen, dass der Kopf wahrscheinlich im Lauf der Jahrtausende abgebrochen und verloren gegangen ist. Zu schade. Denn im Gegensatz zum Kahlkopf des Mannes, hätte uns der Schopf der Frau etwas über die Frisuren oder die Haarbedeckungen der Zeit verraten können.

Ich schaue Veronika an und überlege, ob eine Hose für sie nicht die bessere Wahl gewesen wäre. Schon jetzt ist der Saum ihres Kleids ausgefranst, dreckig und verheddert sich im Gestrüpp am Rande der Trampelpfade, über die wir laufen. Während ich meinen Blick über ihren Körper wandern lasse, frage ich mich, ob sie auch so viele Probleme mit ihrer Unterkleidung hat.

„Scheuern deine Klamotten genauso wie meine?" Sie hat sich eine Leinenshorts und ein Bustier genäht. Das kann nicht viel besser als bei meiner Unterhose sein.

„Das Kleid ist echt super. Hätte nie gedacht, dass es so bequem sein würde. Die Shorts sind okay. Wenigstens wärmen sie ein wenig. Den BH habe ich umfunktioniert."

Mit einem Lächeln deutet Veronika auf ihren Hals. Und tatsächlich sehe ich dort das Bustier. Womöglich ein Trend für die neue Winterkollektion?

„Ich glaube, dass ich die Shorts ebenfalls ausziehen werde. In der Nacht wärmen sie, aber ansonsten bleiben sie einfach nicht an Ort und Stelle." Sie strahlt mich an und ich lächle zurück. Unglaublich. Ich hätte nie gedacht, dass meine schüchterne Frau einmal so auftauen und ganz ohne Unterwäsche durch die Gegend spazieren würde.

Ich schaue mir das Werk unserer Hände noch einmal genauer an. Insgesamt ist die Kleidung wohl doch gelungen. Das Kleid an Veronikas Körper sitzt wie angegossen. Lukas' Lederoberteil ist funktional. Und meine Kleidung? Sie erinnert zwar eher an ein Nachtgewand, doch für jemanden, der sich selbst am Tage seinen Träumen hingibt, ist das ja auch angebracht.

Wiedersehen macht Freude

Wir passieren einen Rastplatz. Während ich die dort ange-brachte Wanderkarte, die Tische und Bänke studiere, gleitet mein Blick zum Boden. Etwas erregt meine Aufmerksamkeit. Und bevor ich begreife, um was es sich handelt, greifen mei-ne Finger nach einer kleinen Plastikpackung, die verdreckt im Staub der letzten Tage liegt. Meine Tabletten. Erst jetzt er-kenne ich die Hütte wieder, dann stecke ich das Medikament in meinen Rucksack, während ein großer Stein von meinem Herzen rollt. So sehr ich mir einredete, dass es auch ohne die-se Tabletten funktionieren würde, so glücklich bin ich jetzt darüber, es nicht ausprobieren zu müssen.

Von hier aus geht es hinauf. Hermann Teil 2. Ich hätte mir den Aufstieg gerne erspart, doch wird uns Kolja vom WDR oben auf dem Parkplatz erwarten. Wir sind bereits 15 Kilo-meter gelaufen. Kaum zu glauben, wie schnell die Zeit verging. Doch mit der Aussicht auf zwei weitere Kilometer Strecke steil bergauf gerate ich ins Schwitzen.

Eine Frau mit Korb sammelt Pilze nicht weit ab vom Weges-rand. Pfifferlinge und anderes, wie sie uns bestätigt. Das wäre jetzt genau das richtige. Pilze sammeln ist zu einem meiner Hobbys geworden und jedes Jahr kann ich den Herbst kaum erwarten. Alles begann vor drei Jahren. Ist das schon zu weit ausgeholt? Aber nein. Zwei Kilometer können richtig lang wer-den. Da bleibt genügend Zeit, um sich an schöne Dinge zu er-innern. Alles begann also vor drei Jahren. Lukas, Veronika und ich suchten eine Route rund um Nettersheim in der Eifel. Tolle Gegend und viel zu entdecken – neben der römischen Was-serleitung, die hier beginnt, auch die Reste eines römischen „Vicus" und das Kloster Steinfeld. Bleiben wir bei der Sache. Wir nahmen uns damals richtig viel Strecke vor und sollten bis zur Abenddämmerung gute 30 Kilometer zurückgelegt ha-ben. Das Schöne am Wandern ist am Ende des Tages zurück-zublicken und sagen zu können: Hinter mir liegt eine weite Strecke und trotz der Auf und Abs habe ich es geschafft. Hin und wieder gibt es Schleifen oder Straßenläufe, die im großen Bogen verlaufen und daher abkürzbar sind. Mit dem richtigen Kartenmaterial und einem Kompass ist das kein Problem, so dachten wir und schlugen uns in die Büsche. Nach etwa einer halben Stunde Gehzeit kam uns der Weg jedoch seltsam bekannt vor, nach 40 Minuten glaubte ich felsenfest an ein Déjà-vu. Drei Sekunden später wusste ich: Hier sind wir vor Kurzem noch gewesen. Ich hätte es nie gedacht, doch im Kreis zu laufen ist möglich. So unwahrscheinlich es auch klingen mag.

Bei aller Aufregung versuchten wir uns wieder zu sammeln, um im zweiten Anlauf den richtigen Weg zu erwischen. Doch, ob man es glaubt oder nicht: 20 Minuten später beschäftigte uns dieselbe Frage wie zuvor. Wie ist es möglich, trotz allergrößter Sorgfalt, ein drittes Mal an ein und derselben Stelle zu landen? Doch trotz dieses Ärgernisses hatte die Sache doch ein Gutes. Vor uns lag eine Lichtung voller Steinpilze, die uns vorher nicht aufgefallen war und die wir nach eingehender Prüfung absammelten. Einmal damit angefangen, gab es kein Halten mehr. Damit war es auch vollkommen egal, wie viele Kilometer wir noch schaffen würden. Der Weg als Ziel ergab plötzlich einen Sinn. Denn dem aufmerksamen Wanderer ist die Eifel eine wahre Fundgrube. Am Abend dann bereiteten wir uns eine leckere Pilzsuppe in einem kleinen Kochtopf über dem Feuer zu. So viel Glück werden wir heute bestimmt nicht haben.

Der Weg wird ebener und letztlich läuft er gerade am Hermannsdenkmal vorbei. Ich erinnere mich, zumindest hier gewesen zu sein. Doch auch wenn das erst zwei Tage zurückliegt, scheint es bereits eine Ewigkeit her. Wir ziehen vorbei, ohne Gruß, ohne Rast und lassen Hermann, die Touristeninfo sowie ein Restaurant links liegen, um den vereinbarten Treffpunkt zu erreichen. Wenn ich jetzt noch mehr schwitze, werde ich wohl nicht mehr trocken. Schon jetzt fröstelt mich der Gedanke an die angekündigten zehn Grad. Unsere erste Nacht unter freiem Himmel soll schließlich nicht unsere letzte werden. Noch dringt der Lärm des Restaurants an meine Ohren, die Kunde fröhlichen Beisammenseins. Sollte es zu kalt werden, könnten wir hier einen Platz zum Wärmen finden. Gesetzt den Fall, dass wir in der Nähe bleiben.

Auf dem Parkplatz bereiten wir uns auf eine Wartezeit von etwa einer halben Stunde vor. Eine halbe Stunde tatenlosen Sitzens. So wie der Tag begann, endet er auch. Lukas schlägt vor, bereits einen Rastplatz aufzusuchen. Einer von uns könnte hier warten, während die anderen das Lager bereiten. Ich bin so müde, dass ich mich gerne bereit erkläre hierzubleiben. Wir einigen uns auf eine Strecke von höchstens einem Kilometer bis zur Nachtstelle in südöstlicher Richtung. Wir wollen uns schließlich nicht aus den Augen verlieren und ich habe keine Lust, die Nacht allein im Wald zu verbringen.

Am Wegesrand stehen Johannisbeeren und Hagebutten, mit denen ich mir die Zeit vertreibe. Rucksack und Ausrüstung lasse ich zurück, während ich mich auf die Suche nach mehr begebe.

Nach einer halben Ewigkeit kommt Kolja angebraust. Unser Wiedersehen nach dem ersten Treffen in Bonn ist entspannt und vertraut. Wir tauschen uns aus, während ich den Rucksack schultere und wir aufbrechen. Erst etwa 200 Meter später bemerke ich, dass ich unser Gefäß vergessen habe. Ich muss zurück und schicke Kolja vor. Gar nicht so leicht, denn ich habe nur eine vage Vorstellung von unserer Nachtstelle und der Richtung, die Veronika und Lukas eingeschlagen haben.

„Über den nächsten Parkplatz und dann links halten", so lautete der Plan. Kolja nickt vielsagend und geht los. Es wird schon schiefgehen.

Bilder im Kopf

Ich kehre um, zurück zur Raststelle. Solche Verzögerungen sind natürlich unnötig. Und es beschleicht mich die Erinnerung an das Sprichwort: „Wer es nicht im Kopf hat, muss es in den Beinen haben." Doch jede Anstrengung trägt auch ihren Lohn. Und so sehe ich vom Parkplatz aus die letzten Strahlen der untergehenden Sonne durch das Blätterwerk brechen. Sie legen sich sanft auf den Hügel, schlüpfen licht durchs Blätterwerk, umspielen meine Füße, meine Beine und Arme. Ich kann nicht anders als stehenzubleiben und den stillen Gruß der untergehenden Sonne zu genießen, der ein Lächeln auf mein Gesicht zaubert. Nicht mehr lange, dann wird sie hinter den Baumwipfeln verschwinden. Langsam strecke ich meine Hand aus, um ihr Lebewohl zu sagen. Und während ich noch dabei bin, durchbricht ein Meer aus Farben meine Finger. Gerade jetzt sind meine Gedanken frei. Keine Ideen, keine Sorgen an das Morgen, keine Pläne. So als könne die Welt um mich zerfallen, ohne dass es mir etwas ausmachen würde. Kostbarer als Gold und flüchtiger als ein Augenzwinkern.

Je sehnlicher ich mir wünsche Momente einzufangen, desto schwieriger ist es, sie wirklich zu genießen. Ich teilte gerne diesen Augenblick mit meinen Freunden, um ihn wieder und wieder zu beleben. Doch ich bin allein und kein großer Erzähler wie Frederick, die Maus, die es schaffte während des Sommers die Farben der Erde, den Geruch des Feldes und die Wärme der Sonne einzufangen und dann im Winter, während die Vorräte knapp wurden und es die Sippe fröstelte, die Mäuse mit Geschichten von Sonne, Feld und Erde zu erfreuen. Ich wünschte, ich wäre Frederick und könnte Veronika und Lukas den Zauber dieses Augenblicks beschreiben. Doch er vergeht und ich bleibe allein zurück mit einer Hand voller vergangener Momente und einem Kopf voll trüber Gedanken.

Eine eisige Nacht

Am Rastplatz angekommen, finde ich das Gefäß und kehre wieder um. Auf dem Weg ins Lager denke ich an die Sonne, an Wärme und ans Essen. Zumindest Letzteres werde ich heute Abend noch genießen können. Ich halte mich an unsere Absprachen und finde unsere Nachtstelle. Kolja filmt bereits. Lukas und Veronika sind geschäftig, schlagen Äste und pflücken Farn, um eine Art Unterstand aufzubauen. Ein Kauz durchbricht mit seinem Schrei das geschäftige Treiben. Klagend und unheimlich verhallt er im Dunkel der Bäume. Vielleicht bedauert er es, von uns in seinem Revier gestört zu werden. Vielleicht ist er aber auch nur auf der Suche nach Gleichgesinnten. Wir essen von dem, was unsere Rucksäcke hergeben. Haselnussbrot, Möhren und etwas Ziegenkäse. Wie lange der Vorrat noch reichen wird, ist ungewiss. Bereits jetzt ist es kalt geworden und ich habe ein wenig Angst vor der bevorstehenden Nacht.

"Werden wir überleben?" Obwohl es lustig klingen sollte, stelle ich mir diese Frage wirklich. Natürlich ist mir klar, dass es dafür mehr braucht als zehn Grad, doch sind diese Temperaturen mit Baumwollpullover und einem Sommerschlafsack leichter zu ertragen, als in einem Leinensack auf Schaffell gebettet. Die Antwort bleibt aus. Wahrscheinlich bin ich nicht der Einzige, der die Nacht mit gemischten Gefühlen erwartet.

Kolja filmt noch eine Weile, während wir es uns in unserem Lager gemütlich machen und die Augen schließen. Er verabschiedet sich mit dem Hinweis morgen gegen sieben Uhr wieder da zu sein und wünscht uns eine gute Nacht. Es ist noch nicht spät, aber dunkel. Der anfangs nur flüsternde Wind ist nun auch mit zugehaltenen Ohren zu hören. Er streicht mir über die Füße, bedeckt meine Beine und spielt mit meinen Ohren.

Ich stehe wieder auf und baue eine kleine Barriere aus Erde, Stöcken und Blättern um unser Lager herum. Das Gehölz finde ich in der Nähe, die Erde schaufele ich mit Händen und Füßen zusammen. Nach einer Weile misst der Wall klägliche 30 Zentimeter in der Höhe. Kaum genug um meinen Körper abzuschirmen. Auch die Länge lässt etwas zu wünschen übrig, denn unsere Füße und auch die Köpfe liegen immer noch schutzlos unter dem Blätterdach. Doch mir ist warm geworden. Kein erzählender Frederick aber ein bauender Bob, der Baumeister. Mit der Genugtuung, es zumindest versucht zu haben, schlafe ich wohlig und beruhigt. Zumindest rede ich mir das ein.

Unterstand aus Ästen und Farn am Hermannsdenkmal

Tag 4 / 19. August 2015

Ein Tag voller Legenden

Ich weiß nicht, wie oft wir in der Nacht wach geworden sind. Ob wir überhaupt geschlafen haben, wage ich zu bezweifeln. Die Nacht war bitterkalt. Eng an Veronika geschmiegt, konnte ich ihr Zittern spüren. Auch Lukas meint, es kaum ausgehalten zu haben. Alles Verfügbare ist um seinen Körper gewickelt. Hosen und Hemden, sogar unsere Proviantbeutel dienen ihm als Mütze und Halstuch.

„Ich habe in dieser Nacht oft an die Menschen im Krieg denken müssen. An die im Schützengraben liegenden Soldaten oder an die Flüchtlinge, die momentan auf dem Weg ins Ungewisse sind", höre ich ihn sagen.

Wir haben die Nacht überstanden und sind froh darüber. Kolja ist bereits vor Ort. Es wird Zeit und wir wagen uns aus den Schlafsäcken. Kolja hat zwar keinen Ofen dabei, aber dafür drei leckere Äpfel im Gepäck. Wunderbar. Das Lager ist schnell abgebaut und wir machen uns sofort auf den Weg. Bewegung ist das Allerbeste an einem solchen Morgen und nach einer solch kalten Nacht. Die ersten Sonnenstrahlen fallen warm durch das lichte Blätterdach, benetzen die Gräser und Sträucher und weisen uns den Weg.

Ich bin unterwegs. Früh am Morgen mit Menschen, die ich liebe. Glücklich und gesund, obwohl ich den Hermann wieder nicht gesehen habe. Es gibt wenig, über das ich mich gerade mehr freuen würde. Wir haben uns sogar mit den Rucksäcken arrangiert. Die Schafsfelle über unseren Schultern schützen den Rücken vor den harten Riemen. Zudem wärmen sie und das ist jetzt genau das Richtige.

Eine Frage der Einstellung

Der Weg, den wir beschreiten, führt über die Grotenburg. Das war mir bisher gar nicht bewusst, erst ein Schild macht mich darauf aufmerksam. Wahrscheinlich haben wir sogar innerhalb der alten Wallanlage geschlafen, umringt von Bäumen und Sträuchern, die seit Jahrhunderten das Leben am Teutberg beschatten. Einst lebten Kelten – oder waren es Germanen? – in dieser Burg. Häuser, Gärten und ein Versammlungshaus stellten ihren Mittelpunkt dar. Auf dem Wall ringsherum steckten Stämme, die den Ort schützten und eine sichere Umgebung schufen. Von hier aus hatten sie einen guten Blick über die Lande und kontrollierten die Region. Das Ganze ist schwer zu erkennen. Nur an wenigen Stellen gibt es heute noch Anzeichen dieser von Menschenhand errichteten Anlage.

Die Gegend gefällt mir immer besser. Es wispert und plätschert im Unterholz und hier und dort erblickt man sogar kleine Quellwasser. Wir können uns einfach bedienen und nehmen uns das, was wir brauchen. Dann klärt sich der Blick und wir treten ins Freie.

„Das ist die Hohe Warte", klärt uns Kolja auf. Früher nutzte man sie als Heidefläche für Ziegen, Schafe und Rinder.

„So. Ab hier lasse ich euch ziehen. Wenn ihr Lust habt, schicke ich euch noch ein paar Videos zu."

Das wäre genial. Kolja hat tolles Equipment und wir wissen nicht genau, wie gut unser Filmmaterial ist.

„Wie sind unsere Aufnahmen eigentlich geworden?" Lukas hatte Kolja unsere Kamera mitgegeben, um sie letzte Nacht aufzuladen und das Material zu sichten. Bisher haben wir ihn dazu noch gar nicht befragt.

„Gut, dass du mich daran erinnerst. Das ist echt tolles Zeug und die Kameraführung ist wirklich gelungen. Wahnsinn, dass ihr letzten Sonntag durch den Regen gelaufen seid. Das kommt richtig gut rüber."

„Das freut uns", und tatsächlich zeigt sich ein breites Lächeln auf Lukas' Gesicht.

„Vielleicht kann ich davon sogar was für unsere nächste Sendung brauchen, falls ihr nichts dagegen habt." Natürlich haben wir nichts dagegen. Was Besseres könnte uns gar nicht passieren. Unsere Wege trennen sich und ein wenig bedauere ich diesen Umstand sogar. „Machts gut!", ist alles was wir noch hören, bevor Kolja aus unserem Blickfeld verschwindet.

Von Latrinen und anderen Dingen

Bisher haben wir uns die Morgentoilette verkniffen. Jetzt aber scheint die Gelegenheit günstig. Wir schlagen uns in die Büsche, jeder in eine andere Richtung.

Moos. Es gibt viele Erinnerungen, die ich damit verbinde. Eine davon bringt mich nach Köln und zu meiner Tätigkeit in der Archäologischen Zone. Die Ausgrabungen des Rathausplatzes begannen 2007 auf einem kleinen Areal direkt innerhalb der Stadtkirche Sankt Maria in Jerusalem und der darunter verborgenen jüdischen Synagoge. An keiner anderen Stelle in Köln ist Geschichte greifbarer als hier. Einst lag dort der Sitz des römischen Stadthalters, später dann wurde auf dem Gelände das größte jüdische mittelalterliche Viertel nördlich der Alpen errichtet. Eine römische Therme, eine mittelalterliche Synagoge, neuzeitliche Keller: Es gab viel zu entdecken und noch mehr zu verstehen. Im Schatten des Kölner Rathausturms bot sich die Gelegenheit einen alten Keller auszugraben, der während der Zeit des Judenpogroms verfüllt wurde. Das einstige Haus muss prachtvoll ausgesehen haben. Direkt an der Judengasse gelegen, war zumindest der untere Teil aus Stein errichtet. Im Schutt entdeckten wir unzählige Teile alter Gefäße aus der Zeit um 1349, aber auch die Reste eines Kettenhemds sorgten für einiges Aufsehen. Viel eindrücklicher jedoch war der Fund einer Sabbatampel, die gleich der Menora, dem siebenarmigen Leuchter, an Festtagen Licht spendete. Der Ruhm und die Schönheit dieser Zeit waren vergangen. Krieg und Volkshetze, vor allem der Hass, der sich gegen das Judentum richtete, haben die Spuren dieser Zeit verwischt. Dabei ist es so unverständlich, dass Völker gegeneinander kämpfen, die sich im Grunde doch so ähnlich sind. Am eindrücklichsten war meine Zeit in einer mittelalterlichen Latrine. Mülleimer, Toilette und Schatzkammer in einem. Meine Erkenntnis: Fäkalien bleiben Fäkalien, ganz egal, wie viel Zeit vergeht. Wenn man den Geruch jedoch in Kauf nimmt, gibt es viel zu entdecken. Denn viele Dinge, die mit der Zeit schnell vergehen, erhalten sich hier auf besonders gute Weise. Neben Knochen, Keramik und Textilresten fanden wir sogar mittelalterliches Klopapier oder biologisch abbaubare Bindeeinlagen. Nun, da wäre sicherlich einiges möglich.

Die Römer nutzten alten Zeichnungen nach einen Stock mit einem Schwamm daran. Zumindest legen dies Inschriften und Abbildungen aus römischer Zeit nahe. Xylospongium wurde die Gerätschaft genannt. Unter anderem fällt aber auch die Bezeichnung „elender Schwamm an einem ehrlosen Stab". Ob dieser jedoch wirklich zum Säubern des Allerwertesten eingesetzt wurde oder eher als Klobürste oder Putzschwamm diente, bleibt ein Rätsel. Seneca berichtet zudem von einem Gladiator, der sich auf dem Abort eines Amphitheaters das Leben genommen haben soll. Laut seiner Aufzeichnungen stieß dieser sich den Stecken samt Schwamm in den Schlund und bereitete seinem Leben so ein jähes Ende.

Im Mittelalter scheint dieses Gerät in Vergessenheit geraten zu sein. Statt seiner wurde Moos benutzt. Nicht unbedingt zur Reinigung des Allerwertesten, aber als Bindeeinlage für Frauen während der Menstruation. So feucht, wie es unter meinen Füßen liegt, würde ich es jedoch nicht einmal im Traum gebrauchen. Natürlich sollte es zuvor getrocknet werden. Während der Ausgrabungen innerhalb der Latrine ließ es sich in rauen Mengen nachweisen. Ich erzählte diese Geschichte damals meiner Großmutter, die mich daraufhin lange ansah:

„Du hättest nicht ein Jahr in einer Latrine arbeiten müssen, um das herauszufinden. Das hätte ich dir auch gleich sagen können", war ihre Antwort auf meine Ausführungen. Damit war das Thema beendet. Sie hatte immer schon wenig Verständnis für meine Arbeit und in diesem Fall musste ich ihr sogar recht geben. Meine Großmutter wuchs in einem kleinen Ort in der Nähe von Wuppertal auf. Wenn ich mich nicht täusche, wird uns unser Weg genau durch diesen Ort führen. Nächste Woche, wenn alles gelingt.

Während der Weltwirtschaftskrise 1929 gab es viel Armut und oft zu wenig, um damit die täglichen Bedürfnisse zu befriedigen. Da war guter Rat teuer und Moos die Antwort auf gleich mehrere Fragen. Wundauflage, Füllmaterial und Auspolsterung für Kissen, Klopapier und manches Mal Bindeeinlage für Notsituationen.

Moos gibt es hier genug, doch bleibt zu wenig Zeit es zu trocknen. Daher nehme ich mit Blättern vorlieb. Und so kehre ich mit einem sauberen Gefühl zurück zu den Rucksäcken, um die anderen dort zu erwarten.

Irminsul oder ein Name kommt selten allein

Veronika und Lukas sammeln Äpfel von den Bäumen. Davon gibt es hier eine Menge. Dann brechen wir auf. Nächstes Ziel sind die Externsteine, an denen wir zwei Damen vom Stadtanzeiger treffen werden. Mein Rücken macht sich wieder bemerkbar. Die aufgescheuerten Stellen werden nicht besser. Wie auch? Sie sind ständig dem gleichen Druck ausgesetzt, auch wenn das Schafsfell am Rücken ein wenig Schutz bietet. Daran wird sich wohl nichts mehr ändern. Ich frage mich, ob wir wirklich durchhalten. Nein, ich frage mich, ob ich wirklich durchhalte. Es liegen immer noch weit über 300 Kilometer vor uns und das Ziel, Sonntag in anderthalb Wochen Bonn zu erreichen.

Wir passieren einen Bach, an dem ich unser Gefäß auffülle. Die Ösen rund um den Bauch der Flasche und das hindurchgezogene Seil, an dessen Ende wir einen Stock befestigt haben, erweisen sich nun als äußerst praktisch. So brauche ich den

Stock gleich einer Angel nur über das Wasser zu halten und die Flasche befüllt sich im Strom von ganz allein. Superpraktisch.

Etwa eine Stunde trennt uns von den Externsteinen. Simon hat mir schon viel über das lippische Wunder erzählt. Sie ragen steil empor, wie eine Klippe in stürmischer See. Als hätten sich Steinriesen zur Ruhe begeben, um eine Pause einzulegen. Heute ist es endlich soweit. Heute werde ich sie „live" erleben.

Immer mehr Menschen begegnen uns. Obwohl wochentags und gerade mal 13 Uhr, herrscht reges Treiben. Ein kleiner See blitzt durch das lichte Blätterwerk, doch Steine sind noch keine auszumachen. Jetzt dringt auch herzliches Lachen und Stimmengewirr an unsere Ohren.

Als wir ins Freie treten, verschlägt es mir jedoch die Sprache.

Die Externsteine im Teutoburger Wald

Sie sind schön. Viel schöner als ich dachte. Sie ragen hoch empor mit Treppen und Verbindungswegen, die von einem Stein zum anderen führen. Wahnsinn. Ich freue mich schon darauf, mir das Ganze aus der Nähe anzusehen. Doch vorher sollten wir noch etwas erledigen. Frau Pluwatsch muss bereits hier sein. Ich krame unser Mobiltelefon aus dem Rucksack, suche den Zettel mit ihrer Nummer und beginne zu tippen, als ich eine Stimme hinter mir höre.

„Das müssen sie sein."

„Frau Pluwatsch?"

„Ja genau. Schön Sie zu treffen."

Wir schalten uns kurz. Es ist unheimlich warm und auf der Wiese ist viel los. Trotzdem setzen wir uns erst einmal hin. Die umstehenden Leute gucken interessiert. Ein paar kommen sogar etwas näher und stellen uns Fragen.

„Ich hätte nicht gedacht, dass sie noch so sauber sind".

„Wir können gerne mal die Klamotten tauschen. Ich glaube, dann würden sie anders denken."

Nein, Spaß beiseite, wir sind wirklich noch relativ sauber. Und dafür, dass wir nur eine Garnitur tragen, ist es ein wahres Wunder, immer noch menschenverträglich auszusehen.

„Sie riechen sogar ganz angenehm, nach Rauch und Feuer."

Frau Pluwatsch hat noch jemanden mitgebracht. Zu zweit sitzen sie da im Sonnenlicht und begutachten unsere Ausrüstung, machen Fotos und unterhalten sich mit uns.

„Wie lange sind Sie denn heute schon unterwegs?"

„Etwa fünf Stunden." Es fühlt sich jedoch so an, als wären wir bereits zehn ohne Punkt und Komma gelaufen. Ich bin müde, doch versuche ich es mir nicht anmerken zu lassen. Hin und wieder gleitet mein Blick zu den Steinen. Erst jetzt entdecke ich die Menschen auf den in den Fels gemeißelten Treppen und der alles überragenden Plattform zuoberst. Alle sind gekommen, um sich das Gebilde, die Winkel und Wege sowie das Tal anzusehen. Einen solchen Platz hätte ich mir auch zum Leben ausgesucht. Wasser, Wald und Fels sind einfach eine tolle Kombination.

„Wahnsinn, oder?"
Die Fotografin vom Stadtanzeiger ist näher gerückt. Während Lukas und Veronika noch über unsere Reise berichten, beginnen wir zu plaudern.
„Das ist wirklich toll." Nur kann ich mir kaum vorstellen, dass ich es heute noch schaffe, dort hochzulaufen.
„Hier kann man sich wohlfühlen. Da gibt es kleine Höhlen in den Felsen. Total abgeschieden von der Außenwelt. Und ein 800 Jahre altes, wahnsinniges Relief: die Kreuzabnahme Jesu. Sogar die Darstellung des Irminsuls", schwärmt sie mir vor.
Obwohl ich eigentlich lieber hier sitzen bliebe, ziehen mich die Externsteine voll und ganz in ihren Bann. Meine Neugier siegt und meine Gedanken schlendern zum Eingang, um die dahinter verborgenen Gänge zu erkunden. Wer weiß, wann sich die nächste Gelegenheit für einen Aufstieg bietet.
„Sie sollten unbedingt hingehen. Es gibt viel zu entdecken. Manches ist sehr rätselhaft, anderes einfach nur einmalig."
Ich liebe Rätsel, ganz egal welcher Art. Vielleicht bleibt noch etwas Zeit und wir schauen uns die Steine später an.
Während ich sitze, schaue und überlege, fällt mir eine Eintrittskarte vor die Füße. Schnell greife ich danach, um sie am Fortfliegen zu hindern.
„Run, Shelly, run!", schallen Rufe herüber. Aus dem Augenwinkel nehme ich Bewegung war.
„Sorry", ruft eine junge Dame herüber. „It was blown away!"
Sie ist in Eile. Ihr Kleid, mit bunten Flecken bedeckt, bauscht sich im Wind. Ihr Kopf eine Woge aus roten Wellen.
„I'm so sorry, really!", flötet sie uns entgegen. Wie in Trance schaue ich auf die Karte. In silbrigen Lettern steht Externsteine darauf. Der Name ist schon eigenartig, geht es mir durch den Kopf. Im 19. Jahrhundert hießen sie noch Egistersteine, in Anlehnung an den lang gestreckten Hügelkamm, der sich von hier aus durch die Region zieht. Zudem wurden sie von einem gewissen Mauritius Piderit drei Jahrhunderte zuvor als „rupes picarum" bezeichnet. Die Übersetzung: Elsternfelsen.

„Thanks. But you can give it back to me now."
„Oh, entschuldigen Sie bitte. Das war keine Absicht." Doch nur ungern lasse ich die Karte wieder los. „Thanks a lot. Goodbye", trällert sie uns mit einem neckischen Blick vor und geht. Mein Abschiedsgruß verhallt im Gelächter der Gruppe. Alles, was mir bleibt, ist ein letzter Blick auf das gepunktete Kleid, das hinter der ersten Biegung der Felsen verschwindet. Heute sind unterschiedliche Sprachen selbstverständlich. Auch wenn man nur eine beherrscht, gibt es immer Möglichkeiten sich auszudrücken. Doch alles muss einmal begonnen haben.

Letztlich las ich einen Artikel über Ursprachen oder besser die Ursprache. Merrit Ruhlen, Dozent für Anthropologie und Humanbiologie in Stanford, bezeichnet sie als „Proto Sapiens" und fand weltweit 27 Wörter, die über die gesamte Erde verteilt in vielen Sprachfamilien auftauchen. So beispielsweise „tik" mit der Bedeutung für Finger oder eins und „pal", was „zwei" heißt. Mit der Ausbreitung des modernen Menschen nahm die Sprache ihren Weg in die entlegenen Winkel der Welt, wo sie sich veränderte und entwickelte. Doch könnte die Wurzel immer dieselbe gewesen sein. Gleich einem Strom oder einem Fluss, der in mehrere Arme auffächert, sich letztlich aber wieder vereinen kann.

Hoch oben auf den Zinnen des Elsternfelsen erblicke ich das bunte Kleid. Der Wind treibt immer noch sein lustiges Spiel mit ihm. Ein Hauch Abschied liegt in der Luft. Im gleißenden Licht der Sonne meine ich zudem einen Arm zu erkennen, der uns einen fernen Gruß zusendet, ganz ohne Worte.

„So, jetzt ist es aber genug. Wir haben lange gerastet und sollten langsam mal ans Arbeiten kommen. Machst du ein paar Bilder, Martina? Wir werden die drei einfach noch ein Stück des Weges begleiten."

Ich hatte bisher gar nicht nach ihren Namen gefragt, was sich aber gerade auch von selbst erledigt.

„Veronika und Lukas haben mir schon mal Informationen gegeben. Das reicht fürs Erste. Ich denke, wir sollten ein paar Meter gehen, uns ein nettes Plätzchen suchen und dann ein richtiges Interview starten." Martina packt ihre Kamera aus, während wir uns bereit für den Aufbruch machen, mit Rucksack und Konsorten, im Hintergrund die Externsteine.

Ich rechnete schon damit, nicht mehr in den Genuss des Ausblicks, der kleinen Behausungen und der Wandbilder zu kommen. Obwohl ich die Menschenmassen eher abschreckend finde, hätte ich die Zeichnung des Irminsuls doch gerne gesehen. Wir ziehen weiter, laufen am Ticketschalter vorbei und lassen den Trubel hinter uns.

Hier beginnt der Eggeweg und es geht steil bergan. Eigentlich mag ich Aufstiege. Mit den schweren Rucksäcken ist es viel angenehmer, sich nach oben zu schleppen als nach unten zu stolpern. Weniger Belastung auf den Gelenken. Eine Großfamilie kommt vorbei. Triumphierend schleppen sie einen Salatkopf mit sich herum und verkünden, dass sie den am Wegesrand gefunden hätten. Wieso ist uns das bisher noch nicht passiert? Stolz wie Oskar ziehen sie weiter und lassen uns mit zahlreichen Hoffnungen zurück. Wenn hier sogar Salat am Wegesrand wächst, dann ist alles möglich.

Wir haben schon seit längerer Zeit nichts mehr getrunken, was in erster Linie an unserem leeren Gefäß liegt. Höchstens ein Liter Fassungsvermögen. Geteilt durch drei ist das sehr überschaubar. Das letzte Gewässer taugte noch nicht einmal zum Füßewaschen und so ist guter Rat teuer. Sehen konnten wir bisher nichts, doch scheint der Untergrund zu wispern und zu gurgeln. Während des Wanderns ist nichts zu hören. Die eigenen Schritte, der Klang aneinanderreibenden Stoffs und die Bewegung des Körpers lassen die kleinen Geheimnisse des Waldes verstummen. Doch ohne Regung und mit dem Willen leise zu sein hört man das Verborgene und bisher Unerkannte. Oft sind die kleinen Wasserläufe mit Moos überwachsen und liegen unter dem Gras, der Erde und dem Unterholz. Das Gefühl, dass etwas da sein muss, beruhigt und lässt uns zuversichtlicher weiterziehen.

Dann endlich sehen wir auch etwas von dem kühlen Nass. Es springt ganz plötzlich hervor und begleitet uns auf unserem Weg hinab zur Silbermühle. Klingt gut und schmeckt vorzüglich.

„Wahnsinn, diese Landschaft hier. Ist schon schön."

„Finde ich auch."

Martina wandert viel. Das erkennt man bereits an ihrer Ausrüstung. Gute Schuhe, funktionale Hose mit vielen Taschen und ein schickes Hemd.

„Hier wären meine Katzen bestimmt glücklich."

„Wie viele sind es denn?"

„Zwei. Die machen mir jeden Tag Geschenke. Mäuse, Ratten, manchmal auch Hasen."

Das kann doch gar nicht sein. Katzen, die Hasen fangen? Ungläubig schaue ich sie an.

„Doch, das ist wahr. Hasen. Die fangen die vom Feld und schleppen sie bis nach Hause. Natürlich finde ich nicht alles, manchmal bleiben nur die Pfoten oder ein Teil des Kopfs übrig."

Das ist, ehrlich gesagt, ziemlich krass. Ich denke an einen Film, den ich vor vielen Jahren gesehen habe – „Unten am Fluß". Und wie immer überkommt mich dabei eine sanfte Melancholie. Die Geschichte packt mich und ich denke an Fiver, Hazel und natürlich an General Woundwort. Auch jetzt überläuft es mich kalt, wenn ich an diese Geschichte denke.

„Kennst du „Unten am Fluß", Martina?"

„Klar doch. Das ist eine tolle Geschichte."

Es ist eine herzerweichende Geschichte von Not, Aufbruch, Leid und Hass, gezeichnet durch große Entbehrungen, aber auch durch die Hoffnung, irgendwann Glück zu erfahren. Nach vielen Abenteuern gelingt es den Hasen, eine neue Kolonie zu gründen. An einem anderen Ort zu einer anderen Zeit. Obwohl es Tiere sind, lassen sich die Vierbeiner auch genauso gut durch Menschen austauschen. Familien und Freunde, die aus der Not aufbrechen, um ein neues Leben zu beginnen.

„Wenn die beiden Katzen richtig loslegen, bleibt nichts mehr übrig. Zum Glück gibt es aber keinen Woundwort, denn der würde den Spieß garantiert umdrehen."

Jetzt gibt es erst einmal frisches Wasser. Es schmeckt sehr gut, auch aus unserem Tongefäß. Das Birkenpech hält immer noch. Sehr beruhigend, denn eine andere Möglichkeit Wasser zu transportieren gibt es für uns nicht. Selbst die beiden Damen probieren davon und sind positiv überrascht.

300 Meter weiter liegt auch schon die Silbermühle. Mitten im Tal ist dies ein idyllischer Ort, fernab der Geschäftigkeit. Frau Pluwatsch und Martina wollen uns hier verlassen, noch etwas essen und dann mit dem Taxi zurückfahren. Die Wonnen der Zivilisation sind schon etwas Feines.

„Mal sehen, was heute auf der Speisekarte steht."

Wahrscheinlich Hase! Die Wege trennen sich vor der Gaststätte. Der Duft gebratenen Fleischs und anderer Köstlichkeiten dringt zu uns herüber und ich ertappe mich bei dem Gedanken, in das Restaurant einkehren zu wollen.

Gerstenflocken und Brombeeren

Füßewaschen am Silberbach

Die Erfrischung

Wir gelangen ans Ufer des Silberbachs. Ideal um zu pausie-
ren. Zwar laufen immer wieder Leute vorbei, doch stört uns
dieser Umstand nicht. Wir entkleiden uns und nehmen ein kühles Bad. Das ist erfrischend und versteckt hinter ein paar Bäumen, taut selbst Veronika auf, legt ihr Kleid beiseite und steigt
ins Wasser. Das kühle Nass ist einfach zu verlockend.

Da entdecke ich ein kleines Vogelnest im Baum. Es ist komplett rund. Nur auf einer Seite ist ein kleiner Eingang zu erkennen, durch den es möglich ist, ein- und auszufliegen. Wie lange
mag dieses Nest schon als Zuflucht dienen? Vielleicht kommen
die Vögel jedes Jahr hierher, um es zu reparieren und um ihren
Nachwuchs großzuziehen. Und das seit Generationen.

„Hey, schaut mal her. So ein Nest habe ich noch nie gesehen.
Wer das wohl gebaut hat?"

„Ich weiß, dass der Zaunkönig so ein kugeliges Nest baut.
Dieses kann ich jedoch nicht weiter zuordnen", sagt Veronika.
Ihr Spezialgebiet sind Haselmäuse, denen sie ihre Aufmerk-
samkeit während ihres Biologie-Studiums in der Slowakei
widmete. Nester gehören dagegen nicht zu ihrem fachlichen
Repertoire und so wird dieses wohl ein Rätsel bleiben. Unsere

Vorfahren hingegen hätten die richtige Antwort mit Sicherheit gekannt.

Ein Wanderer kommt auf uns zu. Er ist uns bereits seit geraumer Zeit auf den Fersen und hörte schon an den Externsteinen von unserem Projekt. Nachrichten verbreiten sich hier ziemlich schnell, rauscht es mir durch den Kopf. Auch ohne Multimedia.

Er war in Amerika und hat die Welt bereist. Seinen Kurzurlaub verbringt er hier in der Heimat. In zwei Tagen will er am Marsberg sein, so der Plan. Davon können wir nur träumen. Das sind noch an die 60 Kilometer. Mit seiner Montur ginge das ohne Probleme, doch mit unseren Schuhen und den Rucksäcken sind wir einfach viel langsamer.

Zumindest ist es ein gutes Gefühl, nicht allein zu sein. Der Weg wird immer schöner und verwunschener. Links und rechts liegen steile Hänge voller Geröll und wir schlängeln uns durch eine hügelige Landschaft. Es riecht warm und trocken. Sicher ein idealer Platz für ein Nachtlager. Doch unser Soll für diesen Tag ist noch nicht erreicht und so ziehen wir weiter.

Es sieht aus, als wäre hier Erz gewonnen worden. Früher schlug man das Metall aus dem Stein heraus. Je nach Stärke der Ader musste das Hundertfache an Stein gebrochen werden, um einen kleinen Anteil Erz herauszulösen. Die ungenutzten Steine wurden einfach aufgetürmt und blieben als Abraumhalden zurück. Nach Aufgabe der Werke wucherten diese Abfallberge zu und die Natur eroberte die Minen zurück.

Wir sind so begeistert von der Landschaft, dass wir den falschen Weg einschlagen und erst nach einem Kilometer bemerken, dass etwas nicht stimmt. Wir haben also doch nichts dazugelernt. Zwei Wanderer winken uns von der anderen Seite zu. Wir fragen sie nach ihrem Ziel. Das jedoch scheinen sie selbst nicht zu kennen. Zumindest scheint ihr Weg aber der richtige zu sein. Nur leider kommen wir so einfach nicht hinüber. Eine Schlucht trennt unsere Pfade und so müssen wir zähneknirschend umkehren.

Über die Heide am Velmerstot

Einen Kilometer zurück, einen Kilometer vor, dann ein steiler Aufstieg und wir sind da. Vor uns liegt eine Art Heidelandschaft, mit vielen Gräsern und Sträuchern, die sich über die sanften Hügel verteilen.

Unter Sternen

Wir rasten, danach sehen wir weiter. Laut Karte liegt der Velmerstot in nicht allzu weiter Ferne. Keine Ahnung, was das ist, aber er scheint ein würdiges Ziel abzugeben. Wir schultern die Rucksäcke, dann geht es voran und tatsächlich erreichen wir nach kurzer Spanne die ausgewiesene Aussichtsplattform.

Wir machen ein paar Fotos, während wir die letzten Sonnenstrahlen genießen. Hier oben steht sogar eine kleine Hütte. Sollte es heute Nacht anfangen zu regnen, könnten wir uns hier unterstellen. Vorerst schlagen wir uns jedoch in die Büsche, wo uns sehr wahrscheinlich eine ruhige und geschützte Nacht bevorsteht. Zwar sehne ich mich nach einem prasselnden Feuer, doch darauf müssen wir verzichten. Zu groß ist das Risiko entdeckt zu werden. Wären wir „undercover" unterwegs, würde ich mich nicht daran stören. Doch das öffentliche Projekt der archäologischen Landesausstellung steht hinter uns. Da dürfen wir uns keine Fehltritte leisten: Offenes Feuer im Wald ist nicht erlaubt.

Wir brechen Fichtenzweige und sammeln Geäst, um uns einen Schutz vor dem Wind zu bauen. Das dauert, doch die Ergebnisse können sich sehen lassen. Lukas hat eine Art Höhle aufgetürmt, bei mir ist es eher eine Art Wall. Gerade hoch genug, um unsere Schultern zu bedecken. Ich hoffe, dass er etwas taugt. Wir essen gemeinsam, dann aber legen wir uns hin. Wir sind alle müde und sehnen uns nach Schlaf.

Während ich in den dunkler werdenden Himmel starre, lasse ich den Tag Revue passieren. Meine Gedanken kreuzen die Milchstraße, biegen am kleinen Wagen ab und folgen dem Nordstern. Am dunkler werdenden Firmament erkenne ich so immer mehr Bilder. Gleich Gänseblümchen auf frischem Grund streuen sie unregelmäßig von hier nach da, von hinten nach vorn.

Ich denke an die Externsteine und eine verpasste Chance einer Besichtigung. Wer weiß, wann und ob ich noch einmal herkommen werde.

Mit dem Finger ritze ich die Kontur der Externsteine in den Himmel. Währenddessen geht mir ein Name nicht mehr aus dem Kopf: Irminsul. Gerne hätte ich sie gesehen, die große Weltensäule, das Heiligtum der Sachsen. Niemand ist sich sicher, wo diese Säule einst stand, bevor sie auf Geheiß Karls des Großen niedergerissen wurde. Vielleicht auf dem Tönsberg bei Oerlinghausen oder dem Marsberg nahebei. Möglicherweise aber auch an den Externsteinen. Ganz egal, wo sie zu finden war, fühle ich mich ihr gerade sehr nah. Rudolf von Fulda schrieb in seiner „De miraculis sancti Alexandri", dass sie das ganze All trug, mit allen Sternen, allen Straßen und Besonderheiten.

Hier mit nichts als meinem Finger und meinen Augen zeichne ich auch den Stamm, die Äste und Blätter der Irminsul in die Luft und komme mir vor, als wäre ich mit alledem verbunden.

Unser Windschutz auf dem Velmerstot

Tag 5 / 20. August 2015

Auf der Suche

Es ist ein frischer Morgen. Doch ein Blick hoch zum wolkenlosen Himmel verspricht warmes, wohliges Wetter. Ich stehe auf und schaue mich etwas um. Der Aussichtsturm am Velmerstot liegt etwa 500 Meter entfernt. Zwar würde ich mich gerne noch einmal zwischen Felle und Zweige kuscheln, doch ich will noch einmal zurück zum Ausguck. Die Sonne, versteckt hinter den Baumwipfeln, rückt näher heran und die Vögel freuen sich mit mir über ihre Wärme. Zumindest sieht es so aus und hört sich auch so an.

Eine neue Welt

Da klingelt das Handy. Ein Blick aufs Display verrät den Anrufer. Simon. Zwar ist der Akku ziemlich schwach, doch freue ich mich über diese Ablenkung. Ohne Simon wäre das alles hier undenkbar und ich habe ihm gestern gar keinen Zwischenbericht gegeben.

„Hey Simon, wie läuft die Ausstellungsvorbereitung?"

„Läuft", ist alles, was ich zu hören bekomme.

"Ich stehe gerade am Velmerstot", sage ich.

Das Tolle ist, egal, womit man sich gerade beschäftigt, Simon kennt eine passende Geschichte dazu.

„Habt ihr einen Aussichtsturm bemerkt?"

„Ja genau, da gehe ich jetzt gerade hin!"

„Preußischer Velmerstot. Das war mal eine Militärbasis der NATO-Truppen, die während des Kalten Krieges mit einer HAWK-Raketenstellung und einer Radarstation ausgestattet war. Kannst du dich noch an die Militärtrupps der Alliierten erinnern?

Klar. Daran erinnere ich mich. Als Kind stand ich oft an der Straße und bewunderte den Zug der Soldaten. Sie kamen zu

Anfang des Sommers, ein endloser Strom aus Maschinen, Trucks und Panzern. Mir war, als kündigten sie sich schon Tage vorher an. Etwas lag immer in der Luft, ein seltsames und ständiges Vibrieren, das mich in Aufregung versetzte. Und dann war es so weit: Über die Hügel hinweg kamen sie gefahren mit ihren Maschinen und ihrer martialischen Ausrüstung. Wir standen da, winkten und liefen mit, so lange wir konnten. Wir, das waren die Jungs aus dem Dorf. Mädchen waren nie dabei, obwohl es viel zu sehen und noch mehr zu erleben gab. Wenn wir Glück hatten, warfen sie uns kleine Päckchen zu, gefüllt mit tausend Köstlichkeiten. Sie waren DIN A4 groß, mit Erdnussbutter, Würstchen, Cookies und Schokolade gefüllt. Manchmal warfen sie uns sogar Leuchtstäbe zu. Die waren der Hammer. Knickt man sie in der Mitte, leuchten sie Tag und Nacht. Sie lassen sich sogar wieder aufladen, wenn man sie ins Gefrierfach steckt.

In einem Jahr hatten wir uns vorbereitet. Wir wussten, dass die Amerikaner nur Toast aßen und kein ordentliches Brot kannten. Da dachten wir uns, dass sie sich selbst Stockbrot machen könnten, wenn wir Ihnen das Mehl dafür lieferten. Also kauften wir Maiskolben, piddelten die Körner und malten das Ganze in einer alten Handmühle. Nach 30 Schwielen, 20 Blasen und einem verstauchten Handgelenk hatten wir endlich 300 Gramm Mehl beisammen. Heute ist mir klar, dass das niemals für 200 Mann gereicht hätte.

Nach der Schule rannten wir so schnell wie möglich nach Hause, vergaßen die Hausaufgaben, bemalten stattdessen den Asphalt mit Schriftzügen wie „Stopp" oder „Halt" und hofften, auf das Verständnis der erwarteten Truppen. Der Juli verging ohne ein Anzeichen der Militärs. Den August über verbrachten wir fast täglich in der Nähe der Häuser, ohne Ausflüge in die Wälder zu unternehmen. Dann wurde es September und langsam dämmerte uns, dass sie nicht kommen würden. Meine Enttäuschung konnte ich nicht mehr verstecken. Meiner Mutter fielen unsere düsteren und traurigen Mienen ebenfalls auf.

„Was ist los mit euch. Schönes Wetter draußen, da kann sich doch niemand beschweren."

„Ja, aber wir haben auf die Panzer und die Soldaten gewartet. Jeden Tag. Die können wir nicht verpasst haben."

„Welche Panzer und welche Soldaten?"

„Na, die Amis eben. Die sind immer gekommen, jedes Jahr."

„Seit diesem Jahr nicht mehr. Das hätte ich euch auch früher sagen können."

1991, das Jahr, in dem meine Träume platzten. Meine Bäckerkarriere war schneller beendet, als ich dachte und mein soziales Engagement war für die Katz. Das Mehl war immer noch säuberlich verpackt und blieb es auch. Jedoch im Mülleimer und nicht im Vorratsschrank, denn von Mais hatte ich erst einmal genug. Ein paar Tage später, ich war gerade mit dem Fahrrad im Wald unterwegs, wirbelte der Wind hinter dem Hügel eine Staubwolke auf und leichtes Dröhnen drang an meine Ohren. Ein Jeep, zwei Panzer und ein Mannschaftswagen bogen um die Ecke. Sie fuhren mit Schrittgeschwindigkeit vorbei und ein letztes Mal konnte ich in die Gesichter der Soldaten blicken. Ich muss schon sehr mitleiderregend ausgesehen haben, denn eines der Fahrzeuge hielt an.

„What's up, kid?", fragte einer der Männer. Natürlich verstand ich rein gar nichts und zuckte nur mit den Achseln.

„Hey, Joe. We got something for this boy here?"

Ich hörte nur ein unverständliches Kauderwelsch aus den Tiefen des Jeeps. Dann aber wurden drei Pakete herausgereicht. Der Soldat drückte sie mir in die Hände, dann fuhren sie fort. Mein letzter Kontakt war gleichzeitig der ergiebigste. So viele Pakete hatte ich noch nie bekommen. Nur schade, dass ich ihnen nichts vom Mehl abgeben konnte. Zumindest ging das dem zehnjährigen Jungen von damals durch den Kopf.

Rückblickend ist das eine eher seltsame Story, auch wenn sie sich genauso ereignet hat. Sie kamen zu uns als Kundschafter und wir Kinder waren die einheimischen Sammler, die sich über Mitbringsel wahnsinnig freuten. Auch wenn sich die Geschichten nicht direkt vergleichen lassen, könnte man doch Ähnlichkeiten zu unseren einwandernden Vorfahren ziehen. Über 3000 Jahre dauerte die Wanderung der Siedler von Ost nach West. Wahrscheinlich waren es die Jungen und Kräftigen, die ausgesandt wurden, um neue Landteile zu besiedeln, immer auf der Suche nach ertragreichen Böden. Nun, natürlich waren sie nicht die einzigen Menschen, sondern trafen immer wieder auf einheimische Jäger und Sammler. Menschen, die immer noch dem Wild folgten und ihr Leben danach ausrichteten. Ihre Lebensweisen waren völlig verschieden. Die einen bauten Häuser, hielten Haustiere, fällten Bäume und legten Felder an. Die anderen lebten in ständiger Verbindung zur Natur. Natürlich wird es friedliche und kriegerische Begegnungen gegeben haben. Interessant ist jedoch, dass beide Kulturen lange Zeit nebeneinander lebten. Auch 1500 Jahre nach der Ankunft der Bauern gab es noch Jäger und Sammler, wie das Mädchen aus der Blätterhöhle am Rande des Sauerlandes bei Hagen belegt, das an den Traditionen ihrer Vorfahren festhielt und viel Fisch, aber kein Getreide aß. Das wissen wir, weil sich heutzutage sehr viel über den Menschen mittels der Analyse stabiler Isotope herausfinden lässt. Selbst in 5000 Jahren ist es so noch möglich zu sagen, wie ich gelebt und was ich gegessen habe. Natürlich nur, wenn dann noch etwas von mir übrig ist und es jemanden interessieren sollte.

„Marco?"

„Ja, ich höre dich. War nur kurz abgelenkt."

„Du müsstest eigentlich einen tollen Blick haben. Teutoburger Wald, Hermannsdenkmal, Lemgoer Mark, Winterberg. Von da aus kannst du alles sehen."

Und tatsächlich ist der Ausblick atemberaubend schön. Das Handy piepst, das Display erlischt und ich stehe alleine da. Die Wiese unter mir leuchtend gelb, blau, rot gesprenkelt. Ohne Telefon höre ich nun auch Grillenzirpen. Das ist ein Ort zum Glücklichsein.

Die Zeit vergeht schneller als gedacht. Als ich zurückkehre, haben Veronika und Lukas unsere Sachen bereits gepackt. Wir laufen ein Stück, gerade so weit, dass uns angenehm warm wird. Dann frühstücken wir. Die Felle ausgelegt, die Leinenstoffe in der Sonne ausgebreitet lassen wir es uns an einer kleinen Schutzhütte gutgehen. Plötzlich stehen zwei Männer vor uns.

„Gehört der Müll da auf der Straße zu euch?", fragt der eine. Zuerst weiß ich gar nicht, was er meint, da ich bisher gar nichts von Müll bemerkt habe. Nur unsere Rucksäcke stehen am Straßenrand. Daneben fein säuberlich die Klamotten.

„Welcher Müll?"

Der andere zeigt mit seinem Stock auf mein Schafsfell.

„Na der da. Das hätte es damals nicht gegeben. Man muss auf seine Umwelt achten und darf nicht alles einfach so liegenlassen."

„Das sind unsere Sachen, unsere Ausrüstung. Darin schlafen wir."

Kurzes Schweigen. Die beiden tauschen verwunderte Blicke aus und man kann ihnen ihr Amüsement regelrecht ansehen.

„Das soll eure Ausrüstung sein? Mein herzliches Beileid. Dagegen ist jeder Spaziergänger ein wahrer Reinhold Messner."

„Ach, ich glaube, ich habe von euch gelesen. Gestern noch. Dachte zuerst, es sei ein Scherz, doch jetzt, wo ich euch sehe. Alle Achtung. Wie viele Kilometer schafft ihr denn so am Tag?"

„Im Durchschnitt bisher 20. Wir hoffen aber auf mehr."

„Das ist gut. Habt ihr ein Ziel?"

„Bonn."

Ehrlich gesagt, haben wir einen Terminplan, aber kein Ziel. Bis Sonntag wird die Strecke bis nach Herne kaum zu schaffen sein, das ist uns mittlerweile schon klar geworden.

„Eigentlich wollen wir bis nach Bonn laufen. Am Sonntag müssen wir jedoch in Herne sein."

„Da habt ihr euch aber was vorgenommen. Wir wünschen euch jedenfalls viel Erfolg. Schön, euch getroffen zu haben."

Und schon biegen die beiden um die Hüttenecke und sind verschwunden.

Von anderen Kulturen und der Sache mit der Schweinsblase
Der nächste Termin wartet auf uns. Die Westdeutsche Allgemeine Zeitung (WAZ) hat sich angekündigt mit einem Herrn Mader. Er hat uns bereits seine Aufwartung gemacht und nun versuchen wir über Lukas' Telefon eine Verbindung zu bekommen.
„Hallo, Herr Mader. Hier ist Marco Hocke vom Ötzi-Walk."
Hört sich komisch an, ist aber der schnellste Weg, um sich Gehör zu verschaffen.
„Hallo, Herr Hocke. Wir haben schon auf Ihren Anruf gewartet. Wo stecken Sie?"
Das ist leichter gefragt als geantwortet.
„Wir sind mitten auf dem Eggeweg in Richtung Marsberg. Haben Sie schon eine Ahnung, wann Sie in der Region Paderborn sein könnten?"
Schweigen.
„Detmold, Paderborn. Warten sie kurz, ich sehe mal nach, was das Navi ausspuckt."
Alles scheint heute so einfach. Keine lästigen Karten, keine Legenden, keine Landmarker mehr. Alles wird erledigt mit einem Knopfdruck hier oder ein paar Klicks da.
„Zwei Stunden, falls wir gut durchkommen."
„Dann teilen wir Ihnen in einer Stunde den genauen Treffpunkt mit, falls Ihnen das passt."
Es ist wichtig, dass wir uns an einer gut zugänglichen Stelle treffen. Keine langen Laufzeiten, damit es für Auto und Wanderer angenehm bleibt.
„Alles klar. Bis gleich. Wir freuen uns."
Wir blättern uns durch das Tablet und finden eine Stelle, die wir in zwei Stunden erreichen könnten und die auch mit dem Auto gut anzusteuern ist. Kreuzung Eggeweg und Kempener Weg. Da gibt es sogar eine kleine Schutzhütte. Das passt doch sehr gut.
Es geht viel bergab. Am Wegesrand finden wir sogar Blaubeeren. Sie schmecken gut und hinterlassen dicke Farbreste auf unseren Fingern. Ganz beiläufig wische ich meine Finger an mei-

ner Leinenhose ab. Erst spät bemerke ich, dass die Muster, die mittlerweile mein Hosenbein zieren, auch dort bleiben werden. Der Stoff hat die rote Farbe tief eingesogen. Sie ist lebendig und leuchtet und eigentlich gefällt mir das Ganze sehr gut. So beginne ich ganze Beeren zu zerreiben und auf die Hose aufzutragen. Ob diese Frucht auch früher schon zum Färben taugte, weiß ich nicht. Denkbar ist es jedenfalls. Rein theoretisch funktioniert ja so einiges als Färbemittel. Alle Beerensorten mal ausgenommen lässt sich mit Asche, Blut und Erde färben. Für Beständigkeit sorgt dann zum Beispiel Urin, mit dem Kleider behandelt werden können. Die Römer haben dafür eigens sogenannte amphorae in angiporto in den Straßen aufgestellt. Das waren große Amphoren, die an den Schultern abgesägt, den Männern als Pissoir dienten. Das Zeug wurde keinesfalls entsorgt, sondern diente den Färbern und Gerbern als Mittel, um die gefärbten Stoffe intensiver leuchten zu lassen. Der Ausspruch „blau machen" kommt auch nicht von ungefähr, denn es dauerte zumeist einen Tag, um die Stoffe zu trocknen. Ein Tag des Müßiggangs, an dem sich die Arbeit von selbst regelte.

Unterwegs begegnet uns eine junge Frau, ebenfalls mit einer Schale bewaffnet, auf der Suche nach Blaubeeren und ihrer Mutter. Die ist irgendwo auf dem Weg verloren gegangen und taucht hoffentlich wieder auf. Wir wünschen der Dame jedenfalls alles Gute beim Suchen.

Das Blaubeerfieber hat uns gepackt und erst spät bemerke ich, dass die vereinbarten zwei Stunden vergangen sind. Ich rufe Herrn Mader noch einmal an und gebe unsere kleine Verspätung weiter.

Trotz der gebotenen Eile suchen wir noch ein paar Blaubeeren, bevor wir die Beine in die Hand nehmen. Ein paar letzte Tupfer auf meiner Hose, um das Bild abzurunden, dann geht es weiter.

Auf dem Knochen, so heißt der verabredete Parkplatz, treffen wir auf den Reporter und seinen Fotografen. Es ist eine schöne Pause. Wir erzählen von unserer Wanderung, von unseren Erlebnissen und unseren Gefühlen und lauschen zwischendurch den Berichten unseres Gegenübers. Patagonien, Äthiopien und viele andere Länder standen bereits auf seiner Liste. So habe ich mir immer das Leben eines Reporters vorgestellt. Mit Zettel und Kamera unterwegs zu den entlegendsten Winkeln dieser Erde. Als Jugendlicher abonnierte ich die „National Geographic" und habe alle Reisen meiner namenlosen Vorbilder leidenschaftlich mitverfolgt. Heute würde ich immer noch gerne selbst auf Reisen gehen.

„Wie ist es denn nachts für euch?"

„Es ist vor allem kalt. Zwar sind zehn Grad ganz in Ordnung, doch mit nichts anderem als Leinenkleidung und einem Leinensack ausgestattet, ist das eher gewöhnungsbedürftig."

„Das kann ich mir vorstellen."

„Wie war es in Patagonien?"

„Sehr schön. Vor allem beeindruckend. Von der Landschaft mal abgesehen habe ich mich dort auch noch etwas mit der indigenen Bevölkerung auseinandergesetzt. Den Yaghan."

Indigen hört sich für mich ein wenig spanisch an. Obwohl es das in diesem Fall definitiv nicht ist. Die Indigenen sind nämlich genau diejenigen, die vor einer Staatenbildung oder einer Kolonisierung in einer bestimmten Region gelebt haben. Im Falle Patagoniens also die Nichtspanier.

„Die Yaghan sprechen heute spanisch. 2012 lebte nur noch eine einzige Frau, die man als letzte Muttersprachlerin dieses Volkes bezeichnen konnte. Nun wird sie bald 90 und die Dinge nehmen eben ihren Lauf. Viel ist heute nicht mehr übrig von den Ureinwohnern.

Worauf ich aber eigentlich hinaus wollte ist, dass die Yaghan in einer sehr kalten Region leben, trotzdem aber kaum Kleidung tragen. Zumindest trugen sie dort keine Kleidung, bis die Europäer das Land besetzten. Sie wärmten sich zumeist an kleinen Feuern, die sie auch auf ihren Booten in Gang hielten. Das ist übrigens auch der Grund, weshalb dieser Teil der Erde heute Feuerland genannt wird. Zudem rieben sie ihre

Körper mit Tierfett ein, vielleicht auch Tran, den sie durch ihre Jagdausflüge zu Wasser gewannen."
„Und das mit dem Fett auf dem Körper reicht aus? Ich kann mir das gar nicht vorstellen."
„Ich denke schon. Sie müssen genau wie wir Kälte empfunden haben, auch wenn Studien zufolge ihr Stoffwechsel viel höher ist als bei durchschnittlichen Europäern. Sie haben sich schlicht an die Kälte gewöhnt."
Da muss etwas dran sein. Die letzten Nächte habe ich zwar gefroren, aber tatsächlich gewöhnt man sich an die Umstände. Trotzdem werde ich mir das mit dem Fett fürs nächste Mal merken.
Thomas ist wirklich sehr bewandert und wir wissen seine Aufmerksamkeit zu schätzen. Es ist eher ein Austausch als ein richtiges Interview. Während seiner Reisen hat er nicht nur Patagonien, sondern auch andere Teile der Welt bereist.
„Am meisten fasziniert mich die Lebensweise der unterschiedlichen Völker. Auch wenn es heute kaum mehr wirkliche Beispiele dafür gibt. Deshalb finde ich euer Projekt so gut und freue mich schon auf die Ausstellung. Jäger und Sammler wie die Yaghan haben ihren ganz speziellen Reiz und gewähren uns einen Einblick in die Lebensweise unserer Vorfahren."

Bisher hatte ich die Vorstellung, dass Jäger und Sammler wie die Yaghan friedliebend gewesen sind und in einer Art Paradies lebten. Doch laut neuesten, nicht unumstrittenen Darstellungen war das Gegenteil der Fall. Vor Kurzem noch habe ich etwas über unsere Vorfahren in einem Artikel über den Völkerkundler und Anthropologieprofessor Jürg Helbling aus dem Jahr 2009 gelesen, was so gar nicht meinen Vorstellungen entsprach. Es ging um Macht und den Begriff des „Bösen" in unserer Welt. Hierzu wurden Tagebücher von Ethnologen studiert, deren Aufzeichnungen ein krasses Bild über Naturvölker zeichneten. Das Ergebnis:
„Nahezu alle noch existierenden Naturvölker dieser Erde

führen ein Leben voller Aggression und Gewalt [...] die Aussicht, als Ureinwohner eines gewaltsamen Todes zu sterben, war erschreckend hoch."* Doch genau aus dieser Gewalt heraus soll auch Nächstenliebe entsprungen sein. In der Gefahr war die Liebe der beste Verbündete und Aggression oder Gewalt der beste Schutz. Mit der Sesshaftwerdung schien sich dies jedoch zu ändern. Tabus, Religionen und spätere Staatssysteme schufen eine Art Ordnung, obwohl wir auch von den ersten jungsteinzeitlichen Bauern erschreckende Beispiele für kriegerische Auseinandersetzungen durch archäologische Grabungen kennen. Immer noch beschäftigt Schriftsteller, Philosophen und auch Pädagogen die Frage nach dem Bösen. Es heißt, wir hätten auch heute noch ein gewalttätiges Hirn, trotz aller Werte und Richtlinien. Jedoch sind es unser Leben, unsere Erziehung und unsere Gene, die über unsere Boshaftigkeit oder unsere Nächstenliebe entscheiden. Der Schlusssatz des Artikels ist mir bestens in Erinnerung geblieben. Es hieß:

„Zumindest eines ist heute grundlegend anders als in der Vergangenheit: Das Überleben der Menschheit hängt nicht mehr von der Abgrenzung verschiedener Gruppen ab. Die Zukunft hängt an unserer Fähigkeit zur globalen Kooperation."

Ob das jedoch wirklich so einfach ist, wage ich zu bezweifeln. Während des Interviews gleitet Thomas' Blick auch zu unseren Fellen. Zu spät entdecke ich, dass man das Fabrikat allzu deutlich erkennen kann. Vier Buchstaben mit freundlichen Grüßen aus Schweden. Mit Naturverbundenheit hat das zumindest nichts zu tun. Wir schmunzeln darüber.

„Wir hätten sie gerne selbst vorbereitet, doch das Gerben ist eine ziemliche Schwierigkeit. Man muss Fleischreste und sonstige Rückstände sehr gründlich abschaben. Das anschließende Räuchern ist ein Punkt für sich. Das Leder muss eben geschmeidig bleiben. Es darf nicht reißen. Doch dafür braucht man bis zu acht Personen, die jeweils an einem Ende des Fells

Stefan Schmitt: Die Wurzeln des Bösen, aus: Die Zeit, 22.10.2009

ziehen und das Ganze auf Spannung bringen. Das ist nicht in Kürze abgetan, sondern dauert seine Zeit. Zeit, die uns in der Vorbereitung fehlte.

„Wie habt ihr eigentlich euer Gefäß hergestellt?"
Sein skeptischer Blick mahnt mich zur Vorsicht. Backofen wäre sehr wahrscheinlich die falsche Antwort, also versuche ich es mit Feuer und Leinöl.

„Wir haben es am Anfang sogar mit Schweinsblase probiert. Eher nicht von Erfolg gekrönt, aber eine Erfahrung wert. Die Dinger sind ziemlich, nun ja, sagen wir gewöhnungsbedürftig."

„Wieso gewöhnungsbedürftig?"
Und so beginne ich meine Erzählung.

„Eigentlich hatte ich mir das Ganze sehr einfach vorgestellt. Schweinsblasen wären ideal für den Transport. Leicht und austauschbar. Im Internet ging die Bestellung unheimlich schnell. Schweinsblasen im Sonderangebot zu 1,50 € das Stück. Das Paket hätte mich eigentlich schon warnen sollen. Fünf Schweinsblasen waren sorgsam verpackt und eingeschweißt. Doch am Rand und auch am Boden hatte sich bereits eine trübe, gelbliche Masse gesammelt. Das Öffnen bestätigte mir, dass es sich dabei wirklich um Urin handelte. Doch tapfer wie ich war, verfolgte ich mein Vorhaben ohne Widerwillen. In dieser Hinsicht bin ich sehr belastungsfähig.

Die Blasen waren klein und schrumpelig. Es stellte sich für mich jedoch ein Problem. Wie wird eine Blase aus diesem Ding, groß genug um damit Wasser zu transportieren? Ich steckte also einen Finger in die Öffnung und versuchte das Ganze von innen zu weiten. Der Geruch war atemberaubend und wurde immer schlimmer. Ich überlegte mir das Ganze irgendwie aufhängen und trocknen zu lassen.

Um dem Geruch Paroli zu bieten, kochte ich die Blasen aus und übergoss sie zur Sicherheit noch einmal mit heißem Wasser. Zumindest vertrieb der Dampf den strengen Geruch und nachdem ich ein paar Kamillenbeutel ins Wasser gegeben hatte, dufteten die Säckchen auch etwas freundlicher. Dann kam mir eine Jugenderinnerung zu Hilfe. Ich dachte an die Spiele im Sommer, wenn wir uns Luftballons kauften, diese mit Wasser füllten und voller Energie und Freude auf auf die Straße warfen. Also hängte ich die Blase unter den Wasserhahn und füllte sie. Es ging so lange gut, bis das Ganze prall gefüllt herabhing. Und als kein Tropfen mehr hineinpassen wollte und ich voller Vorfreude die Schweine der Welt pries, platzte das verdammte Teil und die stinkende Brühe ergoss sich über die ganze Küche und den Boden darunter. Im wahrsten Sinne eine Riesensauerei. Ein Luftzug, ein fernes Rascheln, dann stand Veronika in der Tür."

„Auweia. Das war bestimmt eine böse Überraschung, oder?" Thomas hat es damit gut getroffen.

„Ja. Aber zu diesem Zeitpunkt war ich bereits auf alles gefasst", antwortet Veronika. „Letztlich haben wir herzhaft gelacht und die Küche mit vereinten Kräften gesäubert. Der Gestank hat sich jedoch tief in mein Bewusstsein eingenistet. Eins ist jedenfalls sicher: Nie wieder Schweinsblasen in meiner Küche!"

Später habe ich mehr über Wasserbehälter aus Naturstoffen gelesen und erfahren, dass man die Blasen aufblasen müsse. Allein der Gedanke daran ließ mich erschauern. Selbst nach mehrmaligem Ausspülen war das Ergebnis bestenfalls Folter. Letztlich haben wir die Sache abgeblasen und sind zu Keramik übergangen.

„Ich habe mal was über Biber gelesen. Indianer haben den gesamten Körperinhalt aus dem Maul des Tieres gezogen. Gedärme, Knochen, Fleisch, bis alles draußen war. Wenn man dann das Maul mit einer Art Korken verschließt, hat man ein tolles, dichtes Gefäß", ist Herrn Maders Antwort auf alle unsere Fragen.

Ich hätte nie gedacht an solchen Informationen Gefallen zu finden. Müsste ja eigentlich auch mit etwas weniger Auffälligem klappen, wie einem Kaninchen oder etwas in der Art.

„Beim nächsten Mal werden wir deinen Vorschlag berücksichtigen und etwas mehr experimentieren."
Es ist schön hier, doch es kommt die Zeit aufzubrechen. Aus dem Augenwinkel sehen wir zwei Frauen, die sich uns von der Seite her nähern. Wir erkennen die junge Dame sofort wieder. Mit ihrem Blaubeer-Eimer und ihrer Mutter im Schlepptau ist ihr die Erleichterung sichtlich anzusehen.
„Gefunden!", ruft sie uns entgegen.
„Super, das freut uns."

Die Durststrecke

Thomas und der Fotograf wollen noch ein paar Bilder von uns schießen. Sie gehen voraus und wir ziehen hinterher. Dann verabschieden wir uns.

Wir lassen das Eggegebirge hinter uns. Ob das gut oder schlecht ist, wissen wir noch nicht. Ein Blick auf unsere Karte verrät, dass es hier weniger Wasser geben wird. Unser Vorrat ist bereits aufgebraucht und ich kann mich beim besten Willen nicht mehr daran erinnern, wann ich heute das letzte Mal getrunken habe. Der Durst klebt mir am Rachen, in der Kehle und auf der Zunge. Hinter jeder Biegung hoffen wir auf eine Quelle oder eine Wasserstelle. Doch nichts dergleichen. Nicht einmal eine Pfütze am Wegesrand.

Da kreuzen zwei Hunde unseren Weg. Wasl, ein großer Berner Sennenhund und Timmy, eine Mischung aus allem Möglichen, der laut bellend vor uns davonläuft. Im Schlepptau folgt die Herrin, deren Namen wir im Eifer des Gefechts vergessen.

Timmy hat Angst und bleibt zurück, als Frauchen und sein großer Kumpel Wasl uns passieren. Obwohl er uns umlaufen könnte, bleibt er auf dem Weg stehen. Jeder unserer Schritte treibt ihn weiter von seinem Rudel fort. Als die beiden um die nächste Ecke biegen, haben wir Mitleid. Wahrscheinlich kann er uns nicht richtig einordnen. Wir riechen nach Schaf, Rind und Ziege, aber sehen aus wie Menschen. Etwas stimmt also ganz gewiss nicht. Timmy denkt noch nicht einmal daran, durch den Wald zu laufen, obwohl es das Einfachste wäre. Er möchte den Weg nutzen, denn der ist ihm vertraut. Er läuft immer weiter fort. Selbst als wir uns etwa zehn Meter von der Straße entfernen, bleibt er zurück und beäugt uns misstrauisch. Erst als sein Frauchen zurückkehrt, ihn auf den Arm nimmt und an uns vorbeiträgt, ist Ruhe. Freund und Beschützer trifft es in diesem Zusammenhang eher nicht. Kaum zu glauben, wie schnell sich Tiere anpassen. Aber wahrscheinlich soll das einfach so sein. Obwohl der Hund ziemlich fertig aussieht, packen wir die Gelegenheit am Schopf und fragen die Frau nach dem Weg.

„Wissen Sie zufällig, ob es in der Nähe eine Wasserstelle gibt?"

Sie überlegt kurz.

„Nein, leider nicht. Aber direkt am Waldrand, etwa 500 Meter von hier, lebt eine alte Frau. Sie ist sehr freundlich und kann euch bestimmt etwas Wasser abgeben."

Wir bedanken uns für den Tipp und sind nun etwas zuversichtlicher. Zumindest werden wir nicht verdursten. Am Haus ziehen wir jedoch vorbei. Die Karte am Wegesrand zeigt uns einen Bach und einen Löschteich an. Leider ist kein Maßstab eingezeichnet. Doch allzu weit kann es nicht sein.

Ein Mountainbike-Fahrer kommt herangepprescht. Er hält sogar an und versichert uns, dass es hier wirklich einen Löschteich gibt. Eine kurze Strecke den Weg hinunter. Es ist Wahnsinn, wie schnell die Stimmung kippen kann. Eben noch halb verzweifelt, jetzt dreiviertel hoffnungsvoll. Doch das Stimmungsbarometer ist sehr anfällig und nach gefühlten zwei Kilometern frage ich mich, wie der Radfahrer eine kurze Strecke definiert.

Die Allee, über die wir gehen, ist ganz nett, doch bin ich am Ende meiner Kräfte. Ich erinnere mich an Filme, bei denen der eigene Urin eine Rolle spielte. Nicht zum Gurgeln, sondern um den schlimmsten Durst zu stillen. Das würde ich jetzt jedenfalls ungern testen wollen.

Ohne Flüsse und Bäche ist eine Wanderung früher oder später zum Scheitern verurteilt. Wenn ich mir das Leben vor 7000 Jahren vorstelle und mich in die ersten Siedler hineinversetze, die den weiten Weg von Osten nach Westen gekommen sind, hätte ich mich an ihrer Stelle immer am Wasser orientiert – was sie mit Sicherheit auch getan haben. Zwar wussten sie bereits, wie man riesige Brunnen anlegt, doch das hilft bei der Erkundung einer fremden Welt fürs Erste nicht weiter.

Weitere Schritte, für die ich eigentlich zu müde und kraftlos bin. Doch alles Jammern hilft nichts. Entweder bleiben und versauern oder weiterziehen und erfrischen.

Nach einer Weile entdecken wir eine Pfütze am Wegesrand. Ich möchte gar nicht wissen, was alles darin lebt. Daher entscheide ich mich dafür abzuwarten. Veronika und Lukas hingegen trinken daraus. Veronika meinte schon die Tage zuvor, dass ihr dieses ständige Durstgefühl zu schaffen mache.

Dann endlich gelangen wir zum Löschteich. Zwar liegt er ziemlich versteckt, wirkt aber frisch. Ein Stück weiter durch dichtes Gehölz liegt ein idyllisches Plätzchen. Die letzten Meter geht es über einen Pfad mit vielen gefällten Bäumen daneben. Zwischen zwei kleinen Buchen liegt ein von den letzten Sonnenstrahlen beschienener Platz. Ein paar verwitterte Steine und allerlei Blätter und Wurzelwerk liegen verstreut auf dem Boden. Ein Ort wie geschaffen für eine angenehme Nachtruhe. Durch das dichte Blätterwerk junger Triebe hören wir ein sanftes Plätschern. Ich ziehe mich aus, lege meine Sachen auf einen der Steine und stapfe hinunter. Das Wasser ist klar und entlang des schmalen Rinnsals entdecke ich viele Wildspuren.

Ich lege mich mitten hinein und lasse meinen Körper vom Wasser umspielen. Feiner Sand setzt sich zwischen meine Füße und reibt auf meiner Haut. Es ist herrlich. Zwar kalt, aber dafür erfrischend. Die Sonne steht immer noch hoch genug, um mich später zu wärmen, doch jetzt genieße ich erst einmal. Es gibt diese seltenen Momente, in denen ich mich auf das, was mich umgibt, wirklich einlasse. Ein Rascheln im Gehölz, das Rauschen des Windes und die vielen kleinen Ameisen und Käfer, die überall unterwegs sind. Ich bin nicht sentimental. Aber dieser Moment mit der Natur oder mit dem, was mich gerade umgibt, ist intim. Viel verbundener und vertrauter als die üblichen Erlebnisse eines gewöhnlichen Tages.

Dann löse ich mich aus der sanften Umarmung der Natur. Der Moment vergeht und ich stehe wieder mitten im Busch. Veronika kommt näher, mustert mich aufmerksam und entkleidet sich. Auch wenn ich ihr gerne beim Baden zusehen würde, lasse ich sie allein, in der Hoffnung, dass Sie wie ich diesen Augenblick in vollen Zügen genießen kann. Denn ein Moment wie dieser ist mit keiner Art der Zweisamkeit aufzuwiegen.

Ich bin gespannt auf die Nacht und hoffe auf ein warmes Ende des Tages.

Abendlicht dringt durch die Blätter und erzeugt eine sanfte Stimmung auf unserer Lichtung. Es ist sehr schön hier. Gerne würde ich ein Feuer entfachen. Aber Lukas macht mich auf eine Stelle im Dickicht aufmerksam, durch die zwei Wanderer erkennbar sind.

„Luftlinie 80 Meter. Eine asphaltierte Straße." Mehr Infos brauche ich gar nicht. Wir liegen hier wie auf dem Präsentierteller.

Morgen früh um sechs Uhr wird uns die dpa besuchen. Zumindest wird es für sie ein Leichtes sein, hier an uns heranzukommen.

Tag 6 / 21. August 2015

Grenzen

Es ist früh. Noch ist nichts von der Sonne zu sehen und ich wälze mich herum, auf der Suche nach einer angenehmeren Schlafposition. Lukas schnarcht, Veronika seufzt im Schlaf und ich bin wach – jedenfalls war ich davon überzeugt. Da raschelt etwas im Gebüsch und ich bin mir sicher, dass es keine Blätter sind. Je länger ich mich darauf konzentriere, desto überzeugter werde ich, dass es ein Grunzen und Schnaufen ist. Wildschweine, schießt es durch meinen Kopf und prompt bricht mir der Schweiß aus. So viele Erfahrungen mit Wildschweinen hatte ich bisher zwar noch nicht, doch sind mir Geschichten über sie bestens bekannt. So dicht am Wasser wie wir unser Lager aufgeschlagen haben, ist es auch kein Wunder, dass sich das ein oder andere Wild hinzugesellt.

„Lukas ..., Veronika ..." Vorsichtig rüttele ich am Schlafsack, doch auch dieses Mal bleibt alles ruhig. Ich setze mich langsam auf, schäle mich aus dem Leinensack und blicke in die Dunkelheit. Ich würde die Tiere, denn es sind definitiv mehrere, in 50 Meter Entfernung schätzen. Vielleicht auch weniger. Etwas knackt direkt neben mir. So dicht, dass ich es berühren könnte, wenn ich denn wollte.

„Wacht endlich auf!", rufe ich. Jetzt werde ich auch des riesigen Schattens gewahr, der sich auf unsere Nachtstelle legt. Direkt neben Veronika und Lukas steht ein riesiges Tier und durchpflügt seelenruhig den Boden.

„Hey, aufwachen ihr beiden! Das ist kein Spaß mehr!" Bei meinem Rufen erglühen zwei winzige Punkte und starren mich an. Zitternd und schwankend setze ich einen Schritt hinter den anderen, bewege mich rückwärts zum See oder zumindest dorthin, wo ich den See vermute. Das lose Holz zerbricht schallend unter meinen schweren Tritten und schlägt gleich Pauken und Trompeten durch die Stille der Nacht. Ich muss mich in Sicherheit bringen ist das Erste, woran ich nach dem Schock denken kann. Das Tier von den anderen abzulenken kommt mir erst danach in den Sinn. Schnell drehe ich mich um und laufe laut schreiend hinunter zum Wasser. Ein Schnauben ertönt, dann versinkt die Welt in einem tosenden Durcheinander. Hätte ich einen Blick zurückgeworfen, mir wäre das Blut an Ort und Stelle in den Adern gefroren. Ich hätte gesehen, wie ein wildes Tier mit Leichtigkeit ganze Bäume auf Seite fegt und sich unaufhaltsam seinen Weg durch das Dickicht bricht. Doch ich laufe ohne zu zögern, nehme meine ganze Kraft zusammen und versuche gegen die bleierne Schwere in meinen Beinen anzugehen. Immer schwerer geht es voran, bis ich still stehend meinem Schicksal endlich ins Antlitz blicke. Heißer Atem brennt auf meiner Haut, versengt meine Haare und bringt mich ins Wanken. Der See in weiter Ferne, keine Rettung in Sicht. Es ist vorbei.

„Marco, sei still. Du vertreibst sie noch."

Lukas' Hand liegt schwer auf meiner Schulter, doch ich beruhige mich langsam. Das war nur ein Traum.

„Die sind schon eine ganze Weile hier", raunt er mir zu.

Tatsächlich, Rehe. Ganz viele, die sich direkt um uns herum verteilen. Sie schnauben und stoßen kehlige Laute aus. Ihre Tritte bringen das Laub zum Rascheln. Es ist ein schönes Geräusch. Hier und da sieht man einen Schatten im Mondlicht aufblitzen.

„Sind ganz schön viele."

„Ja, dachte schon du verscheuchst sie mit deiner Winselei."

„Schlecht geträumt."

Der Anfang vom Ende

Irgendwann verstummt der Wald und ich versinke in Gedanken. Rothirsche sind neben Wisenten mit die größten Tiere hierzulande. Das war früher natürlich einmal anders. Vor 7000 Jahren durchkämmten auch Auerochsen die Wälder und Auen des Landes. Die wilden Großväter der Kühe. Mammut,

Wollnashorn, Riesenhirsch und Höhlenhyäne waren hierzulande bereits zu dieser Zeit längst ausgestorben. Das Aussterben dieser Giganten wird „Overkill" genannt. Die Ursache für ihren Untergang wird hart diskutiert. Vor etwa 12 000 Jahren wurde es am Ende der Eiszeit wärmer und die Gletscher zogen sich zurück. Vielleicht konnten sich die großen Tiere nicht so gut anpassen, wahrscheinlich hatten aber auch wir Menschen etwas damit zu tun. Zumindest wurde der Lebensraum der Tiere immer kleiner, nachdem der Mensch sich immer weiter ausbreitete und nach und nach jeden Winkel der Erde zivilisierte.

Die Schwergewichte starben wohl alle, das heißt, alle Tiere mit über einer Tonne Gewicht. Nur in Afrika sind noch Nashörner und Elefanten übrig geblieben, die uns einen Eindruck von der einstigen Größe der Tiere vermitteln. Aber auch die kleineren hat es erwischt. Zumindest der Auerochse hat es noch bis ins 17. Jahrhundert geschafft. Das letzte Weibchen starb 1627 in Polen.

Während ich so daliege und in den Himmel blicke, versuche ich ein paar der Sternbilder ausfindig zu machen. Eines davon ist Orion und darunter das Einhorn. Früher konnte ich viele sehen und zu allen Jahreszeiten bestimmen. Das war natürlich eine Masche, um mich bei den Mädchen interessanter zu machen. Das hat jedoch nie funktioniert, denn bevor es dunkel genug war, um überhaupt etwas am Himmel erkennen zu können, waren entweder alle schon ziemlich betrunken oder die Werbung um die schönsten Frauen bereits vorüber. Das Einhorn hatte es mir im Besonderen angetan. Zudem war es das Sternbild, mit dem ich die meisten Hoffnungen verband. Es ist schwer zu erkennen und liegt nördlich des hellen Sirius. Am ehesten findet man es, wenn man sich an der Milchstraße und am Orion orientiert. Das Einhorn ist sehr faszinierend, zwar nicht unbedingt als Sternbild, doch es taucht in vielen Schriften auf. Sogar in der Bibel, wo es als „Re'em" bezeichnet wird, als wildes Tier.

Besuch von der dpa an unserem Nachtplatz

Am nächsten Morgen erwache ich früh, auch wenn die Sterne nicht mehr zu erkennen sind. Von der nächtlichen Tiereskapade ist nichts mehr zu sehen, dafür bekommen wir Besuch. Frau Dame von der dpa und ihr Fotograf.

Wir reden, denken, quatschen und filmen. Es ist ein entspannter Morgen und wir sind froh, dass wir unsere Wasservorräte noch einmal auffrischen können. Dann brechen wir auf. Anfangs noch mit dem Team der dpa, dann aber ziehen wir getrennte Wege.

Alle Straßenschilder scheinen in uns unbekannte Regionen zu führen. Nichts liest sich vertraut und unsere Verwirrung steigt.

Ich frage mich, wie die Menschen sich in der Vergangenheit orientiert haben. An Bergkämmen, großen Bäumen, an Flussläufen entlang oder vielleicht sogar anhand der rauchenden Kamine, die in den Siedlungen und Ortschaften für einen warmen Schlafplatz sprachen? Und Karten? Vielleicht brauchten sie gar keine. Wahrscheinlich sind wir heute unfähig, uns ohne Fremdnavigation über weite Entfernungen zu bewegen, weil wir uns auf Namen und Richtungen verlassen. Das Schlimme daran ist, dass wir diese Systeme gar nicht mehr hinterfragen und uns nahezu blind darauf verlassen. Noch völlig in Gedanken höre ich Lukas plötzlich stoppen.

„Mal sehen, was es hier in der Nähe gibt. Hier ist ein See eingezeichnet. Wäre doch super ein kleines Bad zu nehmen, oder?", meint Lukas und ich verspüre Vorfreude.

„Das wäre jetzt genau das Richtige."

„Ich glaube, wir müssen in dieser Richtung weiterlaufen."

Wir verlassen uns auf Lukas, ziehen aber trotzdem den Rat eines Ortsansässigen hinzu.

„Gleich da runter und dann links über die Brücke, dann seid ihr schon da."

Das klingt gut. Wir gehen etwa zehn Minuten, dann sehen wir den See vor uns liegen. Ein nettes Gewässer, groß genug für uns drei. Leider ist das Baden hier nicht erlaubt, doch verborgen hinter Büschen und Sträuchern wird es wohl niemandem auffallen. Das Wasser ist angenehm kühl und es tut wirklich gut, mal ganz unterzutauchen.

Wieder an Land, stelle ich mich zum Trocknen in die Sonne.

Rast am See

Mittlerweile ist die Wolkendecke etwas aufgerissen und es ist angenehm lau bis warm. Eine Schulklasse, fünf Joggerinnen und ein Hund mit Herrchen laufen vorbei. Doch sie bemerken uns kaum. Wir erholen uns, doch irgendwann wird es Zeit aufzubrechen. Noch etwa 15 Kilometer, dann hätten wir unser Tageslimit erreicht. Kurz überlege ich, meine Flasche hier am See aufzufüllen. Doch sehr wahrscheinlich wird es hier noch eine Quelle geben. Ein Blick auf die Karte zeigt gleich mehrere und das in nächster Nähe.

Hinter dem Horizont

Vorbei an Feldern und Wiesen gelangen wir an eine Pferdekoppel. Wie leicht es wäre, mit einer feurigen Stute oder einem kraftstrotzenden Hengst die restliche Strecke zu bewältigen. Leider gab es diese Tiere noch nicht vor 7000 Jahren. Zumindest nicht hier in Nordrhein-Westfalen und auch nicht in Deutschland. Die ersten Pferde kamen erst etwa 3000 Jahre später aus dem heutigen Kasachstan hierher und wurden als Zug- und Lasttiere, aber auch zum Reiten eingesetzt. Gerade Pferde spielten eine große Rolle in unserer Geschichte. Sie tun das noch immer, auch wenn der Besuch einer Pferderennbahn oder der Reitausflug am Wochenende heute eher zum besonderen Programm gehören. Und auch die hiesige Reiterpolizei, die hoch zu Pferd bei Großveranstaltungen für Ruhe sorgt, ist selten geworden. In früheren Zeiten stillten Pferde unser Verlangen nach Veränderung und Bewegung. Mit dem Wunsch, den fernen Horizont zu erreichen, kam das Reiten, mit dem Bewusstsein, schneller und effektiver zu reisen, das Rad und dann der Wagen. Der Horizont war nicht länger nur eine Idee, sondern wurde zu einer konkreten Herausforderung für Ross und Reiter, Herrscher und Abenteurer.

Heute gibt es Pferde in allen Größen und Varianten. Ponys, Isländer, Kaltblüter – es sind so viele, dass sie für mich in mancher Form gar nicht zu unterscheiden sind. Mit ihnen wäre es ein Klacks, die übrige Strecke bis zum Marsberg und vielleicht auch bis nach Herne zu bewältigen. Aber das ist nicht Sinn der Sache und so laufen wir weiter.

Das Wetter hat sich komplett gewandelt. Mittlerweile brennt die Sonne uns den Verstand aus dem Hirn. Uns läuft der Schweiß über Stirn, Nacken und Körper und langsam bekomme ich Durst. Ein Schild erregt unsere Aufmerksamkeit: Eggequelle 500 Meter. Endlich. Der Rest der Strecke ist ein Klacks. Ein Parkplatz wird sichtbar und dahinter, verborgen im grünen Dickicht, plätschert es verlockend. Wir gehen hin. Doch was sich anfangs als erquickliche Quelle darstellte, ist nun nicht mehr als ein kleines Rinnsal. Die Quelle sieht verlassen aus, der Platz starrt nur so vor Müll.

„Hier kriegt ihr kein Wasser mehr Schon seit letztem Jahr ist die abgestellt. Zu hohe Kosten."

Ein Läufer, der schon wieder unterwegs ist, bevor wir ihn richtig wahrnehmen. Aber ich kann doch deutlich das Wasser plätschern hören. Irgendwo muss hier ein Bach sein. Ich bahne mir den Weg durch das Gestrüpp, vorbei an Brennnesseln und über morsches Holz. Da sehe ich es endlich. Ja, hier läuft ein Bach, aber nicht wie erhofft durch ein sauberes, mit Steinen bewährtes Flussbett, sondern durch die örtliche Müllhalde. Hier liegt alles voll. Von allerlei Dosen über zerrissene Stoffe bis zu übel riechenden Flecken ist alles vorhanden. So ein Mist. Da müssen wir uns eine andere Stelle suchen.

Unser nächstes Ziel ist ein hoch gelegener Pass. Bereits bei den Worten wird mir klar, dass ich mich ordentlich ins Zeug legen muss, um die Strecke zu bewältigen. Ich bin irgendwie im Eimer. Wir haben seit gestern Abend nichts Richtiges mehr gegessen und auch heute Abend wird unser Rucksack nicht das „Tischleindeckdich" mimen.

Ein nahe gelegener Wildpark lässt mir das Wasser im Munde zusammenlaufen. Wildschweine sind spätestens seit Asterix und Obelix eines der Gerichte, die ich immer schon einmal probieren wollte. In den Genuss kam ich auf Korsika. Dort streunen die Schweine halb wild durch die Wälder. Es sind allesamt Mischlinge, halb Wild-, halb Hausschwein. Auch Asterix und Obelix kamen bereits in den Genuss der korsischen Variante. Obelix stellt auf einer der Wanderungen durch die korsischen Wälder fest, dass es sich bei den Schweinen um zahme Wildschweine handeln müsse, worauf der Korse widerspricht: „Nein! Das sind wilde Hausschweine!" Genial. Schweine gehören natürlich auch zu den Tieren, die die ersten bäuerlichen Siedler zu Beginn der Jungsteinzeit vor 7000 Jahren mitgebracht haben. Sie wurden einfach in den Wald getrieben und zeugten sogar Nachwuchs mit ihren wilden Verwandten. Auf Korsika findet man daher auch heute noch nicht nur rosafarbene, sondern auch schwarze und bunte wilde Hausschweine.

Es geht den Berg hinauf. Zum Glück passieren wir eine kleine Tränke und können unseren Wasservorrat auffrischen. Zumindest ist das Wasser hier um Kilometer besser als das der „Eggequelle". Der Hügelkamm ist von hier aus bereits erkennbar, doch liegt dazwischen eine Bahnstrecke, die, wie es aussieht, auch noch befahren wird. So erschöpft wie ich bin, wäre mir der direkte Weg am liebsten. Mitten über die Gleise, doch das scheint unmöglich. Links und rechts der Strecke wurden hohe Zäune aufgerichtet. Ohne Zange gibt es hier kein Durchkommen. Auf der anderen Seite wird es noch schlimmer. Hinter dem Zaun steht zusätzlich noch eine riesige Mauer am Berghang. Undenkbar darüberzusteigen, ohne Wurfhaken oder ähnliches Belagerungsgerät. Also müssen wir einen Bogen machen. Das ist zwar weiter, aber mit Sicherheit ungefährlicher. Schon krass, wie solche Strecken die Natur verändern und Auswirkungen auf mein Verhalten haben können. Ganz nebenbei denke ich an den Wandel der Zeit, der sich zuerst nur ganz langsam und dann in den letzten beiden Jahrhunderten immer schneller vollzog. Wir verändern die Natur und Landschaft mehr, als wir es je geahnt haben, und jetzt kriege ich das am eigenen Leib zu spüren. Es bleibt uns nur der Umweg über den Pfad entlang der Bahnstrecke bis zur nächsten Brücke.

Der Weg zieht sich. Am liebsten würde ich mich gleich hier hinlegen und den nächsten Morgen erwarten. Aber das ist auch keine Lösung.

Wir, oder besser gesagt ich, schleppe mich weiter. Veronika und Lukas legen ein wahnsinniges Tempo vor, dass mir Hören und Sehen vergeht. Ich achte gar nicht mehr so sehr auf das Ende der Straße oder die nächste Biegung als auf jeden einzelnen Schritt. Einfach durchhalten. Und tatsächlich geht es voran.

Es ist nicht besonders schön hier im Wald, jedoch sehen wir keinen Sinn darin weiterzugehen. Wir nehmen den erstbesten Schlafplatz, der zu finden ist. Vor einer Biegung und kurz vor dem Hügelkamm halten wir. Lukas sieht sich in der Zwischenzeit um. Er will den Hügel rauf, um noch einmal zu telefonieren, und ich glaube, dass er sich dort nach einem besseren Platz umsehen wird. Bei seiner Rückkehr berichtet er uns auch sogleich von einer guten Stelle. Wir packen wieder zusammen, folgen ihm und nach weiteren 20 Minuten haben wir

Völlige Erschöpfung

den Ort erreicht. Oben auf der Kuppe ist es wirklich schön. Die Lichtstrahlen dringen warm durch die Fichten. Ich lehne mich an die Wurzeln eines Baums und sehe den Spinnen zu, wie sie ihre Netze bewachen. So etwa stelle ich mir ein romantisches Plätzchen im Wald vor. Eine Stelle, wie sie von Liebenden aufgesucht wird, die sich eng umschlungen ins weiche Beet des Mooses drücken.

Bei der Betrachtung von Veronika kommt mir das Bild einer Elfe, einer Fee, die diesen Platz bereits seit Ewigkeiten, allem Raum trotzend, belebt. Die Zeit scheint verloren, vergessen und doch erfüllt, so lange ich sie nur ansehen kann. Ihre Wangen leuchten im letzten Licht der untergehenden Sonne, ihre Haut strahlt und schimmert. Doch je näher ich komme, desto weiter entfernt sie sich. Je länger ich sie anblicke, desto weiter entgleitet sie meiner Sicht, bis sie nur noch schattengleich im Dunkel der Nacht vergeht. Ich bin mir nicht sicher, ob es am Wassermangel oder an meinem leeren Magen liegt, doch verspüre ich hier wirklich die Geborgenheit einer alten Kraft. Der Boden ist warm und riecht süßlich frisch, nach Beeren, Moos und Harz. Es gibt hier unheimlich viele Tiere. Vieles, das kreucht und fleucht. Wir legen uns zwischen zwei große Wurzeln. Nicht lange und ich spüre die tastenden Beine kleiner Lebewesen, das Schlagen von samtenen Flügeln und die Liebkosungen der kühlen Nachtluft. Und mit der Gewissheit behütet zu werden, schlafe ich sanft und ruhig.

Vorbereitungen für den nächsten Tag

Tag 7 / 22. August 2015

Ein Ziel vor Augen

Der Morgen ist wunderschön, die Sonne schimmert durch die Bäume und ich genieße es einfach hier zu liegen. Noch nicht aufstehen zu müssen. Es ist schon neun Uhr, wir haben wirklich lange geschlafen. Und mir ist wieder bewusst, was für eine schöne Nachtstelle wir gefunden haben. Veronika kuschelt sich an mich und genießt es ebenfalls. Lukas ist natürlich schon lange wach und von seiner Erkundungstour zurück. Er steht immer mit dem ersten Morgengrauen auf.

Noch ein anderer Gedanke erfreut mich. Simon und Anne, eine Kollegin aus dem Bonner Landesmusem, werden uns an diesem Abend besuchen, bekochen und fürstlich versorgen. Die Perspektive auf ein reichhaltiges Essen verleiht mir Flügel. In Anbetracht des asketischen Lebenswandels der letzten beiden Tage wäre mir aber auch alles recht. Ich laufe zu Höchstform auf. Das ist wie bei dem Spiel „Um Reifenbreite": Radfahrer kämpfen um den Sieg. Das beste und schnellste Team gewinnt natürlich. Zwischendurch gibt es Aktionskarten wie „Die Menge applaudiert, bitte zwei Felder weiterziehen" oder „Windschatten, Sie dürfen noch einmal würfeln".

Voller Kraft geht es auf die Strecke. Wahrscheinlich ist es der Gedanke an etwas zu essen, der mich vorantreibt. Zwar werden wir unseren Besuch erst gegen 21 Uhr treffen, doch das ist egal. Es geht voran, ich vorne weg. Das ist ein ganz neues Gefühl, ich vorne!

Grabräuber

Wir gehen immer weiter und gelangen irgendwann an einen Bachlauf. Die Stelle liegt genau zwischen zwei Straßen, die aber nur wenig befahren sind. Ab und an kommen Wanderer vorbei, die uns im dichten Buschwerk nicht sehen können. Wir ruhen aus, tanken etwas Kraft und lassen uns die Sonne auf den Kopf scheinen.

„Piep, piep ... piep."

„Habt ihr das gehört?"

Nein, ich habe nichts gehört. Aber das ist auch kein Wunder. Ich höre nie gut und wenn, dann wirklich nur das, worauf es mir ankommt.

„Piep", da höre ich es auch.

„Da hinten läuft schon die ganze Zeit ein Mann mit einem eigenartigen Gerät herum. Er scheint etwas zu suchen."

Und ich habe auch schon eine Idee, was das sein könnte. Überall in Deutschland gibt es sie. Minensucher, Sondengänger, Grabräuber, Menschen auf der Suche nach Schätzen im Boden und den Geheimnissen der Vergangenheit. Immer auf der Suche nach Münzen, Rüstungen, Schwertern oder anderen Kostbarkeiten, ist es ein interessantes Hobby, was diese Personen betreiben. Doch erweisen sie damit niemandem einen Dienst. Denn Bodendenkmäler, das heißt also alles, was im Boden verborgen liegt, sind im Boden auch am besten aufgehoben. Wenn etwas ausgegraben wird, muss es dokumentiert und konserviert werden, was Geld kostet und meist sehr viel Arbeit bedeutet. Grabräuber hingegen zerstören die Bodendenkmäler ohne Fotos davor zu machen oder Zeichnungen anzufertigen. Alles, was uns diese Dinge verraten oder preisgeben könnten, geht verloren. Ohne jedes Wissen davon für die Allgemeinheit. Das ist schade. Nicht nur das. Nein, es ist wahrlich eine Schande.

Wir sind mitten im Teutoburger Wald. Ein Landstrich, den Varus' Legionen einst durchschritten. Die Schlacht tobte in etwa 30 Kilometern Entfernung von hier. Kleinere Scharmützel könnte es jedoch überall gegeben haben. Vielleicht ist der Minensucher genau daran interessiert. Wahrscheinlich steckt in jedem von uns eine Lara Croft oder ein Indiana Jones, doch sollten alle daran denken, dass unser kulturelles Erbe begrenzt ist und die Fundstellen und Objekte dort gut aufgehoben sind, wo sie im Boden liegen, ansonsten aber eine professionelle Ausgrabung zumindest den Verlust minimiert.

Das Piepen stoppt in dem Moment, in dem ich mich entschließe, dem Sondengänger einen kleinen Besuch abzustatten. Ich höre die Türe eines Autos zuschlagen. Dann das Aufheulen eines Motors. Die Staubwolke ist das Letzte, was ich sehe.

„Was könnte er denn hier gesucht haben?"

„Keine Ahnung. Vielleicht Reste römischer Rüstungen oder Schwerter, vielleicht aber auch Hügelgräber oder auch gar nichts Bestimmtes, sondern nur den Nervenkitzel."

Vergangenheit und Gegenwart

Wir reden über vieles und nichts. Vor uns liegt wieder die Strecke, unter uns die Straße. Wir ziehen weiter in Richtung Blankenrode. Irgendwie kommt mir der Name bekannt vor. Ich weiß nur nicht mehr genau, woher. Auf diesem Streckenabschnitt haben wir Gesellschaft. Ein Wanderer grüßt uns freundlich, während wir ihn passieren. Die nächsten Kilometer überholen wir uns gegenseitig, je nachdem, wer eine Pause gerade dringender nötig hat. Bis wir endlich Blankenrode erreichen. Nun ja, eigentlich erreichen wir die Wüstung – eine alte, verlassene Siedlung, von der nur noch wenige Spuren erhalten sind. Zuerst gelangen wir zum alten Steinbruch. Hier wurden große Steinquader geschlagen. Noch heute sind die Spuren deutlich zu erkennen. Es gibt Hohlwege links und rechts unserer Passage und der Fels fällt von der oberen Böschung auffällig gerade ab.

Solche Wüstungen haben mich immer schon fasziniert. Und diese hier verspricht sogar etwas mit meiner Geschichte zu tun zu haben. Meine halbe Kindheit verbrachte ich in Waldeck am Edersee. Ein schöner Ort, an dem mein Vater vor langer Zeit lebte. Ich wiederhole mich, aber wir sind oft mit dem Boot auf dem See gewesen oder einfach so durch die Wälder gestreift. Neben der Burg Waldeck gibt es gleich in der Nähe

noch echten Urwald. Genaugenommen: Urwälder gibt es hierzulande eigentlich keine mehr. Alles ist aufgeforstet oder steht
unter Nutzung. Erst seit Kurzem gibt es wieder Bestrebungen,
einen alten Wald heranzuziehen, in dem der Mensch nur eine
Statistenrolle spielt. Doch wird es noch lange dauern, bis Ei-
chen- oder sogar etwa die jungsteinzeitlichen Lindenwälder
wieder die Bestände sichern.

Der Graf von Waldeck versuchte im 13. Jahrhundert seinen
Einflussbereich auszudehnen. Der Fürstbischof von Paderborn und der Abt des Klosters Corvey hingegen wollten ihre
Territorien sichern. Sie erbauten die Festung Blankenrode
zum Schutz gegen die Schergen Waldecks. Sie wurde letztlich in einer der vielen Fehden zerstört, später aber wieder
aufgebaut. Während wir durch einen Buchenhain gehen,
entdecken wir überall verborgene Kostbarkeiten: einen
sanften Hügel, der sich durch die Landschaft zieht, eine Ker-
be, möglicherweise ein Burgtor durch den stämmigen Wall.
Immer wenn ich in alten Gemäuern oder an Plätzen stehe,
die einmal bewohnt waren, versuche ich mir vorzustellen,
wie das Leben hier vor langer Zeit aussah. Wir lesen die In-
fotafeln kurz durch und erfahren, dass hier im Westteil die
Ackerbürger und Handwerker lebten. Langsam streichen
wir mit dem Finger über die Karte und folgen den Linien
zur höchsten Stelle der Siedlung. Hier lag die Rundburg, Sitz
des Vogts. Hier gab es sogar ein Rathaus, eine Kirche und
einen Friedhof. Der war sehr wahrscheinlich bitter nötig,
denn Blankenrode war als Grenzfestung hart umkämpft. Der
Fläche nach lebten hier etwa 1000 Menschen, die die Stadt
im Notfall verteidigten. Zumindest für Köln weiß ich, dass
nur Bürger das Recht besaßen, eine Waffe zu führen und
die Stadt zu verteidigen. „Bastarde", die auf der Bastmatte
gezeugt oder „Bankerte", bei denen die Sitzgelegenheit als
Zeugungsgrundlage diente, fielen da raus. Vielleicht war das
hier ja anders.

Vor 600 Jahren etwa wurde die Grenzfeste unwichtig und die Pappenheims übernahmen den Besitz. „Pappenheimer, habe ich schon einmal gehört", erwähnt Veronika, als ich gerade das Familienwappen studiere.

„Echt? Wo denn?"

„Naja, wir haben „Wallenstein" auch bei uns in der Slowakei gelesen."

Veronika kommt aus Bratislava. Wir haben vor acht Jahren geheiratet und heute kommt es mir manchmal sogar etwas unwirklich vor, dass sie hier ist. Wir lernten uns während Ausgrabungen auf Burg Devín kennen – eine riesige Anlage, die weit über Bratislavas Grenzen hinaus bekannt ist. Ich habe dort eineinhalb Monate gelebt. Zuerst zwei Wochen und später dann noch einmal einen Monat. Die Abende und Nächte habe ich anfangs auf einer der Zinnen verbracht, hoch oben über dem Zusammenfluss der Donau und der Morava. Jeden Abend begleitet vom ewigen Konzert der Mücken und dem gelegentlichen Bellen des Wachhunds. Kurz vor meiner Abreise schenkte mir Veronika ein Lächeln und ich ihr ganz galant meine E-Mail-Adresse. So leicht ging das. Es vergingen drei Wochen des Schreibens, bis ich erneut aufbrach, weniger um dort zu forschen, sondern eher um mich den Belangen der Liebe zu widmen. Die Abende maß der Mond und der Glanz von Veronikas Augen. Wir lernten uns kennen, trotz der Welten, die uns trennten, und unsere Geschichte verschmolz. Drei Jahre später zog sie nach Deutschland mit einem Koffer voller Hoffnung und einem Kopf voller Träume. So leicht war das und so ist es bis jetzt immer gewesen.

Die Slowaken sind sehr belesen und, wie es scheint, gehört Schiller auch zu den Werken des allgemeinen Interesses.

Die Pappenheimer dienten unter Wallenstein. Doch es hieß einem Gerücht zur Folge, dass dieser hinter dem Rücken des Kaisers mit den feindlichen Schweden gemeinsame Sache machte. Sie schenkten dem Ganzen keinen Glauben, wollten aber von Wallenstein selbst hören, wie er dazu stand. Wallenstein rechnete ihnen das hoch an, auch wenn die sprichwörtlichen Pappenheimer heute eher mit Lausbuben in Verbindung stehen. Die hier in Blankenrode gemeinten Pappenheimer gehören jedoch zu einer anderen Familie. Waldeck war letztlich dafür verantwortlich, dass die Siedlung überrannt und in Folge nie wieder aufgebaut wurde. Doch genug des Müßiggangs. Wir müssen weiter. Von der Siedlung aus zieht es uns in Richtung Abendessen.

Der Weg zueinander
Uns trennen nur noch fünf Kilometer von unserer Nachtstelle und sechs Stunden von unserer wohlverdienten Mahlzeit. Eigentlich eine kurze Strecke, doch Kopf und Füße versagen uns schon fast den Dienst. Und dann hören wir es, lange bevor wir es sehen können. Autos, Busse, Lkws, Trucks, fast alles, was Räder hat, ist hier zu finden. Die Autobahn. Lange schon haben wir keine richtig befahrene Straße mehr überquert und jetzt liegt sie dort: eine Schneise im Wald ähnlich der gestern überquerten Schienenstrecke. Die Autos fegen darüber hinweg. Entfernungen spielen keine Rolle mehr, denn hier geht es schnell voran. Zu schnell und zu laut für meine Verhältnisse. Ich bin diese Geschwindigkeit nach kurzer Zeit auf Wanderschaft schon nicht mehr gewöhnt. Zu rasant für unseren Geschmack lassen wir diesen Teil der Strecke hinter uns. Doch wie der Schall der motorisierten Gefährte auch in wachsender Entfernung noch hörbar ist, hallt das Gesehene in mir nach. Einerseits ist es toll, seine Ziele zügig erreichen zu können. Familie, Freunde, Bekannte: Zu schön, wenn man alles an einem Ort hat, doch heute ist das so gut wie nie der Fall. Beziehungen kosten Zeit und Geld und das nicht nur im privaten, sondern auch im wirtschaftlichen Sinne. Denn entweder sind es die Bahn, das Schiff, Flugzeuge oder Autos, die uns einander näher bringen oder die Telekommunikation. Liebe kostet und das ist eine Entwicklung, die ich wirklich nicht verstehe. Wie hat wohl alles begonnen? Was brachte den Stein

ins Rollen? Wie konnte eine Welt entstehen, die ich gar nicht richtig begreife?

Am Anfang schuf Gott Erde und Himmel. So etwa lautet die Antwort der Kirche. Doch mehr und mehr sind es Schillers Gedicht „Die Götter Griechenlandes" oder Nietzsches „Allegorie des Seiltänzers", die mich klarer sehen lassen. Eine Welt ohne Auffangnetz, im stetigen Wandel, in der wir selbst das Steuer in den Händen halten.

Am Anfang schuf der Mensch den Himmel und machte sich die Erde untertan. So etwa sollte es lauten. Und natürlich haben unsere Hände dabei eine sehr große Rolle gespielt. Sie sind einzigartig, ermöglichen es uns zu fühlen, zu greifen, zu schlagen. Sie sind Ausdruck unserer Emotionen und Gedanken. Mit ihnen begreifen wir die Welt, um sie zu verstehen. Sie wecken unsere Neugier, indem sie Möglichkeiten aufzeigen. Sie sind immer schon Antrieb zur Veränderung gewesen, der Quell unseres Schöpfungsreichtums. Mit ihnen sammele ich Beeren, ordne meine Kleider, richte den Rucksack, forme, fertige und bilde. Am Anfang waren es Steine, die wir bearbeiteten, dann Kleidung, Geräte, Häuser und letztlich Maschinen. Bis zur Erschaffung des eigenen Ichs, eines Roboters, eines neuen Lebewesens.

Vielleicht sind unsere Hände wirklich der Grund für unsere Vielfalt, unsere Entwicklungen und unsere Leistungen. Zumindest sind sie ein wichtiger Teil unserer Vorgeschichte und haben es uns ermöglicht, eine Welt wie die unsrige zu erschaffen. Der Schritt vom Jäger und Sammler zum Ackerbauern war in dieser Geschichte mit einer der wichtigsten auf dem Weg zur Zivilisation. Vielleicht aber auch die Fahrkarte ins Ungewisse, der Aufbruch aus dem Paradies in eine „historisch gewachsene Wirklichkeit", wie Arnold Gehlen es einst treffend formulierte.

Ein Lehrpfad zeigt links und rechts Bilder der hiesigen Pflanzen- und Tierwelt. Beeindruckend, was es hier alles zu finden gibt. Und langsam vergehen die Gedanken an eine unbegreifliche Welt. Wir sammeln all das, was an Essbarem zu finden ist. Anne und Simon sollen nicht die Einzigen sein, die heute Abend etwas kredenzen.

Feuer und Eintopf

Und dann erreichen wir endlich die Schutzhütte. Noch vier Stunden Zeit bis zur Ankunft des Abendessens. Ein Fahrradfahrer verschnauft in der Abendsonne. Er fragt uns nach unserer Ausrüstung und zeigt uns sein Rad. Tolles Teil, mit dem er auch die Alpen überquert hat und demnächst in Mallorca touren wird. Wie nah die Dinge manchmal doch liegen.

Die Landschaft ist beeindruckend. Wir haben direkten Blick auf den Marsberg. Hier könnte der Legende nach Karl der Große den Irminsul zerstört haben. Aber das haben wir ja bereits an den Externsteinen erfahren. Im Ort selbst gibt es wohl auch Ausgrabungen, aber das ist nichts Neues, denn an jeder Stelle steckt verborgene Geschichte.

Hinter den Hügeln liegt Hessen. Das Land der Würste. Nirgendwo sonst bin ich besser versorgt gewesen als hier. Ich erinnere mich an die tausend Köstlichkeiten, die meine Oma bei Besuch immer gezaubert hat. Reistafel, Krautkopf, Rippchen und einen ganzen Kühlschrank voller Wurstwaren. Ich sollte mich schleunigst ablenken, doch der Gedanke an Wurstwaren bleibt mir auf der Zunge kleben. Mir läuft buchstäblich das Wasser im Mund zusammen und ich kann nichts dagegen unternehmen.

Der Fahrradfahrer prescht los und gibt uns noch einen Tipp. „Am Ende des Wegs, am Bauernhof vorbei, stehen die besten Zwetschgen der Region. Das könnt ihr mir glauben. Ich komme viel rum." Das lassen wir uns nicht zweimal sagen.

Doch vorher sammeln wir noch etwas Feuerholz. Heute Abend brauchen wir ein richtiges Feuer.

Der Weg zu den Zwetschgenbäumen fällt mir schwerer als gedacht. Meine Beine sind müde und die letzten Tage ohne richtiges Essen haben an meinen Kräften gezehrt. Wir finden die beschriebenen Bäume und decken uns ordentlich ein. Es ist ein tolles Gefühl, sich selbst versorgen zu können, auch wenn mir die Würste einfach nicht aus dem Kopf gehen wollen. Als wir zurückkommen, sitzt Veronika an unserem Holzlager. Sie ist hiergeblieben, um auf unsere Sachen achtzugeben, auch wenn ich nicht glaube, dass die Ausrüstung jemand freiwillig anfassen würde.

Um uns die Zeit zu vertreiben, holen wir noch mehr Holz. Alles, was nicht niet- und nagelfest ist. Es ist lustig, anstrengend und ermüdend zugleich. Lustig, wenn man versucht ein Stück Holz aus einem Stapel zu ziehen, während jemand auf der anderen Seite am selben Ast zieht. Anstrengend, wenn man mehr als zehn Scheite trägt und einer davon sich in die ungeschützte Brust bohrt. Ermüdend, wenn man glaubt, es reicht und dann zu hören bekommt: „Wir müssen noch viel mehr besorgen."

Es vergeht eine weitere Stunde. Ich bewundere Veronika. Sie packt an, schleppt und zieht, obwohl ihr Körper wenige gesunde Stellen aufweist. Überall hat sie sich wund gescheuert. Doch sie beschwert sich nie.

Als wir das Lager für gut erachten, hole ich den Feuerstein hervor und versuche ein paar Funken zu erzeugen. Die Kunst ist, den Feuerstein gegen einen Pyrit zu schlagen und einen der abspringenden Funken in den Zunderschwamm zu leiten. Es wird langsam dunkel, doch immer noch sind es zwei Stunden, bis Simon und Anne hier eintreffen werden. Viel Zeit um Feuer zu machen. Immerhin war hier eine offizielle Feuerstelle eingerichtet. Doch der Funken will nicht so recht überspringen. Zwar fängt der Zunderschwamm an zu kokeln, doch weiter passiert nichts. Langsam beginne ich an meinen Fähigkeiten zu zweifeln. Zuletzt versuche ich es auf einem Rindenstück. Ich nehme den glimmenden Zunderschwamm und lege immer mehr trockenes Zeug dazu. Etwas Rohrkolben, kleine Rindenstückchen, Äste und letztlich klappt es. Der Rauch steigt auf und schließlich züngelt eine kleine Flamme hervor. Ein wunderbares Gefühl.

Es kommt langsam in Gang. Es knistert und knackt und der Schein des Feuers nimmt uns gefangen. Da endlich hören wir den Motor eines größeren Gefährts nahen Und schon kommen sie herangebraust. Schön, vertraute Gesichter zu sehen. Noch mehr als auf die beiden habe ich mich aber auf die Köstlichkeiten in ihren Taschen gefreut. Neuer Proviant, einen Kochtopf und viel zu essen. Heute gibt es Eintopf – Linsen, Möhren, Speck, alles, was es auch schon vor 7000 Jahren gegeben hat.

Der Abend ist schön und mild. Wir sitzen bis tief in die Nacht, essen, erzählen und irgendwann bereiten wir unsere Lager. Der Mond ist riesig, der Himmel klar. Es ist die Nacht der Sternschnuppen. Viel sehe ich davon nicht. Dafür bin ich zu erschöpft. Ich schlafe schnell ein und träume von Würsten, Speck und noch mehr Eintopf.

Zusammen mit Anne und Simon an der Raststelle nahe dem Marsberg

Tag 8 / 23. August 2015

Parallelwelten

Lukas hatte wie immer eine kurze Nacht. Bereits gegen fünf Uhr sitzt er am Feuer, blickt in den Sternenhimmel und legt Scheite nach. Es ist beruhigend, ihn zu sehen, ihn zu beobachten und zu wissen, dass er sozusagen über uns wacht. Das tut er immer. Er führt uns, er motiviert uns, wenn wir nicht mehr können. Und man fühlt sich mit ihm immer unheimlich geborgen. Als ob uns nichts auf der Welt passieren könnte, was er nicht regeln kann. Eins ist sicher. Ohne Lukas wären wir nie so weit gekommen. Veronika macht zwar alles mit, würde mir aber auch schnell nachgeben, wenn ich ins nächste Hotel einchecken wollte.

Drei Stunden später bereiten wir uns auf ein ausgedehntes Frühstück vor. Es gibt Hirsebrei mit Äpfeln und Honig. Ein Traum.

Willkommen und Abschied

Herne erwartet uns. Das ist etwa 100 Kilometer von unserem Standort entfernt. Natürlich nicht mehr zu schaffen. Zumindest nicht zu Fuß, aber wir haben einen eng gestrickten Plan und müssen noch heute dort eintreffen. Es gefällt uns nicht, lässt sich aber auch nicht ändern. Mit Simon und Anne an unserer Seite ist alles völlig entspannt. Ich verlasse mich auf ihr Gefühl und ihren Plan, pünktlich in Herne zu erscheinen. Wir lassen uns Zeit, genießen den beginnenden Tag und warten auf das Zeichen zum Aufbruch. Ich gehe mich noch einmal frisch machen, wenn man das so nennen darf, und vertreibe mir die Zeit mit faulenzen.

Dann sitzen wir im Bus und brausen los. Eigenartig, hier zu sein und zu fahren. Der Raum wirkt klein und ich spüre einen seltsamen Druck auf meinen Ohren. Ich bin beschleunigt, ausgehebelt und irgendwie leer. Die Landschaft zieht in einem einzigen grünen Faden dahin. Auf der Autobahn ist es noch schlimmer. Ein Meer aus Farben und Bewegung, doch keine Strukturen.

Ich lese Ortsnamen mit Entfernungen, die zunächst weit weg erscheinen, im nächsten Augenblick aber bereits so nahe liegen. 500 Meter bis zur Ausfahrt, 300, 200, 100. Es gab Momente in der letzten Woche, in denen ich es nicht für möglich gehalten hätte, 300 Meter in einer halben Stunde zu schaffen. Jetzt aber rauschen wir einfach so vorbei.

Die Zeit verfliegt. Je schneller wir fahren, desto schneller verrinnt sie. Was also bleibt am Ende übrig außer einer Tankstellenquittung in astronomischer Höhe? Ein Gefühl des Verlusts macht sich in mir breit. Und ich kann noch nicht einmal sagen, was ich verloren habe.

Und schon sind wir in Herne. Ich mache mir Gedanken, von wo aus wir am ehesten starten können, um nicht mit dem Auto vor dem Museum vorfahren zu müssen. Das wäre komisch. Wir fahren in einen Hinterhof irgendwo zwischen Autobahn und Museum. Alles ist dreckig, überall liegt Müll herum. Ein trauriger Anblick, aber eigentlich vollkommen normal. Auf einem Quadratmeter liegt fünfmal so viel Müll, wie ich in der gesamten letzten Woche produziert habe. Wir lassen ein paar Minuten verstreichen, verweilen zwischen Dosen, Zigarettenstummeln und Fast-Food-Verpackungen. Dann brechen wir auf. Es geht die Hauptstraße entlang. Die Leute scheinen uns zu kennen. Sie grüßen, hupen und rufen uns hinterher. Bauarbeiterstyle, nur ohne Minirock. Dann sind es tatsächlich nur nur noch 500 Meter bis zum Museum. Die Fotografen stehen bereits an der Straße. Bild, WDR, alle sind da und warten auf uns. Wir biegen auf den Museumsplatz und sehen bereits eine Menschenmenge dort stehen. Zudem gibt es einen Gleichgesinnten. Ein Mann in Leder und Fell, mit roten Haaren einem rauen Gesicht. Sein Outfit ist klasse. Zudem hat er ein Lager aufgebaut, das sich sehen lassen kann. Ein Feuer brennt, überall liegen Steine herum, in der Ecke stehen Hafercookies. Das sieht aus wie das Paradies. Im Feuer liegen ebenfalls ein paar Steine und wie es scheint, gibt es gleich eine Show. Der Mann greift zu einem langen Stock oder besser zu einer Geweihstange. Mit der Schaufel dreht er die Steine aus dem Feuer und legt sie so nach und nach frei. Mit ein paar gezielten Schlägen bricht er die großen auseinander. Durch das Feuer wird der Stein porös und lässt sich sehr leicht aufspalten. Vorsichtig trägt er einen nach dem anderen zu einer Art Loch im Boden. Es ist etwa so groß wie eine Melone. Ein großes Stück Leder bedeckt den Rand. Das Ganze ist mit Wasser gefüllt, direkt daneben steht eine Schüssel mit Karotten, Sellerie, Lauch und ein paar Gewürzen. Alles in allem die Zutaten für eine kräftige Suppe. Wasser und Gemüse sind schnell zusammengeschüttet und dann fehlen nur noch die Steine. Er lässt einen nach dem anderen hineinrollen. Es zischt und brodelt und in Nullkommanichts kräuselt sich eine kleine Dampfwolke gen Himmel. Wahnsinn, dass das funktioniert.

Es schmeckt vorzüglich. Suppe, Eintopf, Nachtisch. Ich bin überglücklich und habe meine Reserven wohl für diesen Tag mehr als aufgeladen. Mit Linsen zwischen den Zähnen und Suppe auf meinem Oberteil werden wir nun von den Besuchern des Museums umringt. Alle sind gespannt, wollen unsere Geschichte hören und unsere Ausrüstung testen.

„Wie war es bisher?"

„Woraus ist eure Bekleidung gefertigt?"

„Wie habt ihr das alles gemacht?"

„Wie viele Kilometer lauft ihr so durchschnittlich am Tag?"

„Wo schlaft ihr eigentlich?"

Fragen und Antworten folgen in einem ständigen Schlagabtausch, bis ein interessanter Punkt zur Sprache kommt.

„Was habt ihr sonst noch so an?"

Klar, dass Veronika hierauf keine Antwort liefert. Denn sie trägt nichts außer ihrem Kleid. Manches bleibt wohl besser unbeantwortet.

„Wie viel wiegen eure Rucksäcke?"
Darauf gibt es zumindest eine Antwort.
„Probiert es doch selbst mal aus!"
Ein Wagemutiger tritt nach vorne und wir schnallen ihm unseren Rucksack um.
„Mann, ist der leicht."
Klar. Trägt man den Rucksack nur fünf Sekunden lang ist er leicht. Nach einer halben Stunde aber glaubt man, Atlas selbst zu sein. Doch wir verkneifen uns einen Kommentar.
„Welche Rolle hatte eigentlich die Frau in der Jungsteinzeit?"
Ganz gefährliche Frage.
„War die Frau fürs Putzen und Sammeln zuständig?" Ein Teil der hier anwesenden Männer schmunzelt, der andere Teil ist wahrscheinlich verheiratet und hält sich zurück.
Tja, hopp oder topp ...!
Frauen sind beeindruckend. Sie geben Leben, pflegen und umsorgen die Familie. Sie sind das Zentrum der Gemeinschaft. Das wurde auch damals schon gewürdigt. Es gibt eine Zeit, in der von Portugal bis Russland Frauenfiguren auftauchen. Frauenstatuetten wie die Venus von Willendorf oder die Figurinen von Kostenky zeigen eindrücklich, dass es vor 20 000 Jahren ein Bewusstsein für das Schaffen der Frau gab. Rundungen, wo man nur hinsieht, weiblich von oben bis unten. Von Apfel bis Birne alles dabei. Frauen wurden verehrt als Lebensspenderinnen, Sinngeberinnen und Mütter der Zivilisation. Die Antwort auf diese Frage fällt daher berechnend aus:
„Wenn bei mir zu Hause die Frau die Hosen anhat, wieso sollte es dann vor 7000 Jahren anders gewesen sein?"
Lukas schmeißt den Laden und unterhält die Menge. Das ist super. Währenddessen vertreibe ich mir die Zeit mit „Kika"-Radio. Ein Reporter hat ein paar Fragen dabei, die Kinder stellen durften.
„Was esst ihr?"
„Gab es damals schon Pommes?"

„Wie haben die Menschen damals gelebt?"
Was wir essen, ist schnell geklärt. Nicht viel, aber davon reichlich. Pommes gehören jedoch nicht dazu. Denn Kartoffeln wurden erst mit der Entdeckung Amerikas nach Europa gebracht. Die haben wir also Christoph Kolumbus zu verdanken, der vor gut 500 Jahren diesen Landstrich bereiste.
„Und das Leben damals?"
„Naja, das wird sich nicht sonderlich von dem Leben vor 200 Jahren unterschieden haben. Es gab viel Arbeit auf den Bauernhöfen und auf den Feldern. Ab und zu kam Besuch und einmal im Jahr zogen Männer und Frauen los, um in den Bergwerken nach Feuersteinen und Salz zu suchen. Um diese Bergwerke zu erreichen, liefen die Menschen manchmal bis zu 200 Kilometer oder tauschten vorher an Umschlagplätzen Waren gegen anderes. Bergwerke gab es in der Jungsteinzeit überall, sogar auf dem Gebiet des heutigen Nordrhein-Westfalen, nämlich am Lousberg bei Aachen, wo der Feuerstein im Tagebau abgearbeitet wurde. Die Leute waren vielleicht zwei Monate unterwegs, zogen mit Lasttieren zu den Abbaustellen, verrichteten ihre Arbeit und deckten sich mit genügend Steinen ein, um ihr Leben zu bestreiten. Auf dem Weg zurück belieferten sie die Siedlungen in der Gegend und erzählten Geschichten am abendlichen Feuer.

Endlose Straßen

So schön es hier in Herne auch ist, müssen wir weiterlaufen. Wir kriegen noch ein paar Flaschen Wasser mit auf unseren Weg. Und zwar aus Plastik. Unser Gefäß leckt. Es ist nicht mehr zu gebrauchen. Außerdem werden die nächsten Tage wohl eher weniger Quellen für uns bereithalten. Dafür mehr Stadt und Industrielandschaft.

Simon und Anne werden uns ein Stück des Weges begleiten. Und dann sind da noch ein Volontär und eine Praktikantin aus Herne. Sie zeigen uns den Weg, zumindest hoffen wir das. Wir

Abschied am LWL-Museum in Herne

reden über dies und das, über Arbeit, Hobbys und Träume. Sofia, die Praktikantin, trägt ein Faun-T-Shirt und wir kommen direkt ins Gespräch. Ich mag diese Band. Die Musik ist altertümlich angehaucht. Auch wenn es durchweg mittelalterlich nachempfundene Instrumente sind, die gespielt werden, sind die Klänge oft fantastisch, urtümlich und alt. Gesänge wird es wahrscheinlich immer schon in unserer Geschichte gegeben haben und mit den ältesten, rund 30 000 Jahre alten Flöten aus dem Geißenklösterle oder aus Isturitz auch eine musikalische Begleitung dazu. Anfangs sah unser Plan sogar vor, mit Trommeln und Blasinstrumenten die Route zu beschreiten. Doch uns wurde sehr schnell klar, dass Trommeln viel zu schwer sind und Flöten sich nicht einfach so aus der Tasche zaubern lassen.

Bochum ist unser nächstes Ziel und wir würden gerne in der Nähe der Universität übernachten. Mal sehen, wie weit wir kommen. Es geht vorbei an großen, mittleren und kleinen Häusern und letztlich stehen wir am letzten Zipfel der Stadt. Hier trennen sich unsere Wege. Eine Bahn bringt unsere Weggefährten wieder sicher zurück. Anne, Simon und die beiden Begleiter vom LWL-Museum für Archäologie.

„Macht's gut und es war schön euch kennengelernt zu haben," höre ich mich sagen. Natürlich nicht zu Anne und Simon, sondern zum Volontär und der Praktikantin.

„Ja, ebenso. Oder besser gesagt, ugah, ugah." Wir gucken uns an. Hat der Volontär gerade „ugah, ugah" gesagt? Ich kann es nicht glauben und verkneife mir ein Lachen.

„Du hast dich wirklich maximal auf heute vorbereitet, oder?" Simons Frage ist witzig. Klar, „ugah, ugah" ist schon lange her und reicht in die Zeit lange vor der Steinzeit. Denn in der Jungsteinzeit lebten bereits Menschen wie wir. Menschen mit Sprache, Kultur und einem wahnsinnigen Verständnis für weltbewegende Veränderungen.

Die Zivilisation im Nacken

Die zweite Etappe beginnt. Eine Woche voller Städte, Autobahnen und Menschen. Wir müssen etwa zwei Tage durch Bochum laufen, bis es über den Jakobsweg ab Gevelsberg weitergeht. Der

Gleisüberquerung in Bochum

Jakobsweg. Dachte nie, mal über diese Strecke zu laufen. Wir kommen in den Außenbezirk Bochums. Es geht durch Vororte vorbei an Schrebergärten und Tankstellen. Das deutsche Bergbaumuseum kenne ich noch aus meinem Studium, doch wir haben keine Zeit hier lange zu verweilen. Es zieht uns weiter, weiter zu einer möglichen Übernachtungsstelle. Am Museum vorbei geht es in einen Verwaltungsbezirk und dann in den Stadtpark. Der Stadtpark. Hier ist viel los. Menschen aller Nationen, die grillen, Fußball spielen und einfach nur palavern. Egal ob Rumänen, Türken, Inder, Syrer, Deutsche, hier funktioniert die Kommunikation und die Nationen verschwimmen. Auf dieser Wiese in dieser Stadt sind sich alle eins. Wir sind Menschen, mit denselben Bedürfnissen, Hoffnungen und Ängsten.

Einige machen sogar Musik, gute Musik mit Gitarren und Trommeln. Wir würden uns gerne dazugesellen und mitmachen. Doch wir haben ja noch ein paar Kilometer Weg vor uns.

Im Wald trafen wir kaum Leute, hier jedoch – im Kontrast zu den Stadtmenschen – fallen wir auf wie bunte Hunde. Komische Rucksäcke, Schafsfelle und mit Leinenkleidern bedeckte Körper. Das ist mal was anderes.

Vagabunden

Wir müssen erst eine passende Bleibe finden, bevor wir uns dem Müßiggang hingeben können. Irgendwie frustrierend, zumindest in Anbetracht der lockeren Atmosphäre. Durch die Natur zu laufen ist nicht immer einfach gewesen. Doch gibt es dort überall einen Platz zum Übernachten. Hier jedoch ist es problematisch, einen geeigneten Ort zu finden. Das Planetarium zum Beispiel sieht nicht schlecht aus, aber unter dem knappen Vordach ist zu wenig Platz für uns drei. Und wir brauchen unbedingt einen Unterstand. Der Wetterbericht verspricht nämlich 90 Prozent Regenwahrscheinlichkeit.

Die jüdische Synagoge? Naja, ich weiß nicht, ob das so eine gute Idee ist. Die Polizei wäre sehr wahrscheinlich schneller hier als wir „piep" sagen könnten. Vielleicht gibt es hinter dem Hügel einen besseren Platz. Häuserreihen, Schrebergärten, der ideale Platz für einen Einbruch bei Nacht. Habe ich das gerade gedacht? Natürlich steigen wir nirgendwo ein. Aber es wäre nett, wenn uns jemand einen Platz anbieten würde. Wir unterhalten uns freundlich mit den Menschen, doch es ergibt sich nichts. Langsam verliere ich die Lust und auch die Hoffnung. Und genauso scheint es Veronika und Lukas zu gehen. Fragen wir nach einem Schlafplatz, werden wir zumeist an das nächste Hotel verwiesen, was natürlich nicht infrage kommt.

Wir laufen durch einen weiteren Park. Eine riesige Familie sitzt dort und lacht. Mindestens drei Generationen befinden sich auf einem Fleck. Die Großeltern sitzen, die Eltern stehen und die Kinder spielen miteinander. Zwei Babys sind auch dabei. Das ist ein tolles Bild. So viele Liebende, so viel Freude am Beisammensein und das im Freien. Einfach so. Ohne Restaurant, ohne viel Tohuwabohu. Ganz schlicht. Wie war es vor 7000 Jahren? Wahrscheinlich ähnlich. Urgroßeltern, Großeltern, Eltern und Kinder an einem Punkt versammelt. Ob das jedoch immer nur eitler Sonnenschein war, bleibt zu bezweifeln.

Ein paar der Jugendlichen kommen auf uns zu und mustern uns interessiert. Sie wollen ein Foto mit uns und dafür sind wir gerne bereit. Leider vergessen wir sie nach dem Bild zu fragen und ziehen ohne den Austausch voran.

Ein ganzes Stück weiter treffen wir zwei Jungs und versuchen erneut unser Glück.

„Wie seid ihr denn drauf? Coole Klamotten."

„Wir sind auf der Suche nach einer Nachtstelle. Möglichst trocken und in der Nähe."

„Mann, da weiß ich was. Karl, bleib mal kurz stehen."

Der Koloss namens Karl, ein Mix aus Rettungsring und T-Shirt, bleibt unvermittelt stehen. Es sieht zwar so aus, als würde er jeden Augenblick das Gleichgewicht verlieren, aber das täuscht.

„Weißt du noch, was Tilly und Kathy letztens erzählt haben? Die haben doch am Friedhof geschlafen, oder?"

Während Karl noch zu überlegen scheint, kippt der Typ vor uns seine Flasche Bier runter und rülpst einvernehmlich. „Gut gebrüllt, Mike. Ja ich erinnere mich. Die waren am Friedhof. In der Mitte ist sowas wie ‚ne Schutzhütte."

Während die beiden noch so da stehen, kratzt sich Karl am Bauch. Die beiden machen einen netten Eindruck und wir überlegen, ob es wirklich ratsam ist, auf dem Friedhof zu bleiben oder besser den Weg zurück in die Stadt zu nehmen.

Irgendwie bekomme ich jetzt auch Lust auf ein kühles Bier. Ganz egal, welches. Noch vor gut 500 Jahren hätte ein unbedachter Vorstoß in dieser Richtung böse enden können. Denn das Bier wurde oft mit Bilsenkraut und Fliegenpilz versetzt. Dinge, die bei zu hoher Dosierung Wahnvorstellungen, Tollwut und Raserei auslösen können und letztlich sogar zum Tode führen können. Das änderte sich später mit dem Reinheitsgebot. Doch das sogenannte Dollbier war immer noch ein gern gesehenes Getränk. In einigen Städten ging man dazu über Muskatnuss ins Getränk hineinzureiben, um den Geschmack aufzubessern. Natürlich nur, wenn man sich Muskatnuss leisten konnte, denn das war ein teures Gut, dass nur die Reichen erstehen konnten.

Ich lass es lieber. Zwar droht mir keine Vergiftung, aber wer weiß. Vielleicht hat es ungewollte Nebenwirkungen.

„Wo liegt denn der Friedhof", unterbrechen wir die beiden, die immer noch in ihr Gespräch vertieft sind.

„Direkt hier vorne. Könnt ihr gar nicht verfehlen."

Genial. Das scheint ein guter Plan zu sein. Da gibt es bestimmt einen Unterstand und einen Wasserhahn.

„Danke euch. Ihr habt uns echt geholfen."

Wir gehen über die Straße und freuen uns darauf endlich anzukommen. Am Eingang des Friedhofs ist ein Schild aufgestellt. Keine Hunde, kein Alkohol, keine Wegelagerer. Zwei Drittel erfüllt. Das ist doch schon mal ein Anfang.

Friedhof in Bochum

Der Rest des Friedhofs sieht etwas abgerissen aus. Wir gehen den Berg hinauf und schauen uns erstmal um. Der Friedhof ist riesig. Wie sollen wir hier den Überblick behalten? Zwar gibt es einen Plan, auf dem alle Teile verzeichnet sind, doch ein Hinweis für einen Unterstand fehlt. Wir laufen auf's Geradewohl erst in die eine, dann in die andere Richtung, von hinten nach vorne und dann wieder zurück. Wir trennen uns sogar. Doch eine Stelle mit Unterstand lässt sich nicht ausfindig machen. Ich laufe bis ans Ende des Friedhofs und passiere dabei die Kriegsgräber. Es ist beeindruckend, wie viel Geschichte hier versammelt liegt. Mindestens 150 Jahre, wenn nicht noch mehr. Generation um Generation findet den Weg hierher. Manche Gräber bleiben nur kurz, andere stehen schon seit Ewigkeiten. Eines wird mir in diesem Augenblick ganz klar und es überläuft mich ein Schauer, wie man ihn nur in seltenen Augenblicken verspürt: Die Menschen kommen und gehen. Was aber bleibt, ist ihre Geschichte. Zumindest für eine Weile.

Wir machen Rast und essen. Uns gegenüber liegt das Friedhofswärterhäuschen. Niemand ist mehr dort und wir fragen uns, ob wir hier nicht vielleicht einen Platz für die Nacht gefunden haben. Ich habe keine Ahnung, wann die Friedhofsarbeit beginnt, aber wahrscheinlich früher als man denkt. Also, auf ein Neues. Lukas geht in die eine, ich in die andere Richtung. Und tatsächlich finden wir versteckt zwischen den Bäumen einen Pavillon. Nicht viel, aber es wird reichen. Wir holen Veronika und lassen uns in dem Unterstand nieder. Es gibt drei Bänke und einen Raumtrenner in der Mitte. Noch ist es warm und wir hoffen, dass es in der kommenden Nacht nicht regnen wird. Lukas macht es sich bequem auf der einen Bank hinter dem Raumtrenner. Da frischt der Wind auf und die ersten Tropfen nässen die Erde. Wir rücken dicht zusammen und legen uns auf die Bank. Sie ist jedoch so schmal, dass es mit unserem Partnerschlafsack nicht funktioniert. Sitzen hingegen klappt. Der Boden ist bereits durchnässt und das Wasser fließt in alle Richtungen. Es schüttet wie aus Eimern, der Regen prasselt schwer auf das Wellblech der Hütte. Und obwohl es nicht unbequemer sein könnte, liegen wir doch wenigstens im Trockenen.

Irgendwann im Laufe der Nacht dringt durch den Regen Motorenlärm. Dann leuchten Scheinwerfer auf. Ein Auto passiert unsere Hütte und fährt vorbei. Als wäre das nicht schon sonderbar genug, dringt Schlagermusik an unsere Ohren, die den Regen sogar noch übertönt. „Nightmare" in Bochum. Erst glaube ich zu träumen, doch dann machen mich Lukas und Veronika auf das zurückkommende Auto aufmerksam. Andere Städte, andere Bräuche. Danach bleibt es ruhig. Ruhig, trocken und unbequem.

Tag 9 / 24. August 2015

Endstation Hoffnung

Früh am Morgen machen wir uns bereit. Es ist kalt und mir schmerzt jeder Knochen. Veronika und Lukas geht es ähnlich. Zum Glück hat es aufgehört zu regnen. Wir füllen unsere Flaschen am Wasserhahn auf. Die Maschinen der Friedhofswärter heulen auf. Wahrscheinlich Gartengeräte und Rasenmäher, um alles in Ordnung zu halten. Ich denke an meine Zeit im Tagebau Garzweiler zurück. Zwar habe ich dort keine Kohle geschürft, aber die archäologischen Ausgrabungen entlang der Abbaukante begleitet. Das ist totaler Wahnsinn. Riesige Bagger schaufeln das Erdreich beiseite, als wäre das ein Klacks. Das Grundwasser wird weiträumig auf über 200 Meter unter Meeresspiegel abgesenkt, der Eingriff in die Natur ist schwindelerregend. Immer auf der Suche nach fossilem Brennstoff. Die Kulturgeschichte spielt dabei oftmals keine Rolle und gerät unter die Räder. 300 000 Jahre Menschheitsgeschichte gehen hier tagtäglich einfach verloren. Ohne Notiz, zumindest in weit über 99 Prozent der Fälle. Ein Bagger hat ungefähr zwölf Schaufelräder. Ein Schaufelrad allein kann bereits ein ganzes Auto fassen. Der größte ist die 258. Das ist ein Ungeheuer und würde einen Mega-Transformer abgeben. Aber bleiben wir beim Thema. Logistisch gesehen ist das eine Glanzleistung. Ganze Ortschaften, Straßenzüge und sogar Autobahnen wurden bereits für den Tagebau verlegt und die Menschen umgesiedelt. So komplett seiner Wurzeln enthoben zu werden ist schon krass. Vor allem den älteren Generationen, die ihren Lebensabend genießen wollen, fällt es schwer, eine neue Welt aufzubauen, ein neues Heim an einem neuen Ort zu finden. Für die Jüngeren ist das anders. Neuerung oder ein Neuanfang bietet auch immer neue Chancen, um die Lebenssituation zu verbessern oder zumindest eine Aussicht auf Besserung zu ermöglichen. Ein neuer Hof, eine neue Anlage, ein neues Image. Doch die Dorfgemeinschaft geht unvermeidlich verloren und wird nie wieder ihre alten Strukturen aufbauen können. Vereine, Clubs, Freundschaften, all das wird vergessen. Was entsteht, ist eine Neubausiedlung ohne Geschichte, ohne Gemeinschaft.

Auferstanden von den Toten

Natürlich müssen in diesem Zusammenhang auch Friedhöfe umgelagert werden, was eine wirklich anspruchsvolle Aufgabe ist. Einmal waren wir dabei und haben das „live" miterlebt. Das sah aus wie auf einer Raumstation. Überall gab es Leute in Schutzanzügen, die die einzelnen Gräber zuerst freigelegt und dann die Särge umgebettet haben. Alles natürlich unter größten Sicherheitsvorkehrungen und immer im Bewusstsein, die Ruhe der Toten nicht allzu sehr zu stören. Gerade dieser Teil ist für die Leute sehr heikel. Denn auch wenn wir in einer aufgeklärten Gesellschaft leben und wissen, dass es keine Wiedergänger gibt, bleiben doch Zweifel. Wir haben uns damals mit einem örtlichen Wissenschaftler unterhalten, der uns darauf hinwies, dass es wirklich eine Art Wiedergänger gab. Menschen, die für tot erklärt wurden, es aber nicht waren. Aus unserer Vergangenheit gibt es viele Geschichten darüber. Die bekannteste ist möglicherweise die der Richmodis von Lyskirchen oder besser Richmodis von Köln. Eines Tages erwischte sie die Pest, die in vielen Städten Deutschlands wütete. Unter Tränen und Aufruhr wurde sie auf einem der Friedhöfe zu Grabe getragen, mit all ihren Kostbarkeiten. Das kam auch Dieben zu Ohren, die die Gelegenheit beim Schopfe ergriffen und nachts mit Lampe und Spaten die Stätte aufsuchten. Sie staunten nicht schlecht, als ihnen nach getaner Arbeit und der Öffnung des Sarges eine quicklebendige Richmodis entgegenstarrte. Natürlich liefen sie fort, voller Schrecken, einem Geist begegnet zu sein. Die Lampe aber ließen sie zurück. Richmodis ergriff diese und kehrte etwas steif und wirr zu ihrem Hause zurück. Dort angekommen pochte sie an die Tür und setzte Haus und Mägde in Aufruhr. Diese staunten nicht schlecht und liefen hinauf zu ihrem Herrn. „Mengis, Mengis. Wach auf. Deine Frau ist von den Toten auferstanden", schallte es da durch die Trauerhallen. Mengis aber sagte: „Ruhig, ruhig. Eher laufen zwei Schimmel die Treppe herauf, als dass meine Richmodis wieder von den Toten aufersteht." Im nächsten Augenblick aber hörten sie schon ein Wiehern und Trappeln. Zwei Schimmel stürmten ins Zimmer und steckten ihre Köpfe aus dem Fenster heraus. Mengis aber wusste, dass es wirklich seine Frau war, die unten vor der Türe stand. So stürzte er ihr entgegen, schloss sie in seine Arme und sie lebten fortan glücklich bis an ihr Lebensende.

So weit die Geschichte. Was aber ist dran und was entspricht der Wahrheit? Nun, vor gar nicht langer Zeit gab es zwar gute Ärzte in unseren Landen, aber diese hatten nicht dasselbe Wissen wie wir heute, ganz zu schweigen von den Möglichkeiten, die uns neueste Techniken bieten. Es kam daher vor, dass Menschen zwar für tot erklärt wurden, es jedoch noch nicht waren. Manche wurden lebendig begraben und starben sodann eines qualvollen Todes: im Winter, wenn es zu kalt war, durch Erfrieren, im Sommer durch langsames Ersticken im Einzimmer-Souterrain. Nicht selten kam es daher vor, dass Totgeglaubte wieder erwachten und sich ihren Weg durch das Erdreich brachen.

Später wurden dann Vorkehrungen getroffen und man legte den Beerdigten ein Seil mit ins Grab. Es führte zum Pförtnerhäuschen und war dort mit einer Klingel bestückt. Wenn jemand unbeabsichtigt lebendig begraben worden war, gab es so immer noch die Möglichkeit, am Seil zu ziehen. Der alarmierte Pförtner konnte sodann das Grab wieder freilegen und die Person retten.

Friedhöfe gibt es schon seit langer Zeit, selbst die Neandertaler hatten schon ihre Toten vergraben. Die Bauern der

Jungsteinzeit haben neben ihren Siedlungen Friedhöfe ange-
legt, so beispielsweise aus Düren-Arnoldsweiler mit über 200
Bestattungen bekannt.

Noch völlig in Gedanken schlendere ich Lukas hinterher, der
den Friedhofseingang längst passiert hat. Ich achte kaum auf
den Weg und kreuze die Straße ohne Vorsicht. Erst sehe ich
die Scheinwerfer, dann höre ich das Quietschen der Reifen auf
nassem Asphalt. Nur wenige Zentimeter vor mir kommt der
Wagen zum Stehen und mein Herz setzt für einen Moment
aus. Glück gehabt. Wildes Hupen und teuflisches Fluchen
dringen an mein Ohr. Dann braust der Wagen davon. Ich habe
lange genug bei den Toten verweilt und spute mich nun, den
Anschluss an die Lebenden nicht zu verlieren.

Es geht weiter über die Straßen Bochums. Bereits gestern
dachte ich den Großteil dieser Stadt hinter mir gelassen zu
haben. Doch ein Gespräch mit einer Passantin belehrt uns eines Besseren.

„Die Stadt liegt erst noch vor euch."

Fast vergesse ich zu atmen. Doch das Jammern bringt uns
nicht weiter. Wir passieren Menschen, Busse und Kinder – alle
schauen uns hinterher. Zwischen Parks, Einfamilienhäusern
und zufrieden dreinblickenden Menschen erkennen wir, dass
es der reichere Teil Bochums sein muss. Die Leute tragen Mar-
kenkleidung, sind zurückhaltend, sonderbar kühl und fahren
teure Autos. Die Schüler sind gut gekleidet und cool. Auch die
Häuser lassen den Unterschied leicht erkennen. Hier gibt es
hauptsächlich Einfamilienhäuser mit großen Vorgärten, schi-
cken Einfahrten und heimeligen Bauten. Wahnsinn, welche
gesellschaftlichen Unterschiede es geben kann und wie sie
sich äußern. Egal in welcher Stadt, eigentlich ist es überall
dasselbe. Ich fühle mich als Eindringling, das wird klar. Stör-
faktoren einer heilen Welt. Wahrscheinlich würde es mir in
diesem Viertel ebenfalls so ergehen, wenn ich hier wohnte
und eines morgens drei abgerissene Gestalten in eigentüm-

147

lichen Outfits erblicken würde. Schade eigentlich. Doch das Fremde bleibt zumeist auch fremd und sonderbar. Langsam lichtet sich Bochum und wir ziehen Richtung Stadtrand. Jedenfalls beginne ich dies allmählich zu hoffen. Der Wald beginnt und die Vegetation wird dichter. Wir wollen es heute bis nach Gevelsberg schaffen. Gevelsberg. Ein Licht am Ende des Tunnels. Dahinter beginnt der Jakobsweg.

Von Stein und Stahl

Es geht durch den Wald leichte Berge hinauf und dann sehen wir ihn. Den Ruhrpott. Ein riesiges Gebiet mit Industrieschloten, Straßennetzen und einer flachen Landschaft bis hoch zur Eifel. Hier pulsierte das Blut des 19. Jahrhunderts und der Industrialisierung. Hier wurden Erz und Kohle abgebaut und hier ließen Großmütter, Großväter, Frauen und Männer sowie Kinder ihr Leben für ein neues Zeitalter. In der Geschichte der Menschheit, so sagt man, gab es nur drei wirklich grundlegend einschneidende Ereignisse. Vielmehr noch waren es Veränderungsprozesse im Verhaltens- und Lebenskonzept des Menschen: Die Kommunikations- und Lernfähigkeit des Menschen, die sich mit der „kognitiven Revolution" vor etwa 70 000 Jahren voll entwickelte, den Weg vom Jäger und Sammler zum Bauern, die sogenannte Neolithische Revolution, und den Weg vom Bauern zur Maschine mit der industriellen Revolution – mal abgesehen von den Veränderungen durch die digitale Revolution, denn unsere gegenwärtige Zeit lässt sich in ihren Auswirkungen auf die Menschheit noch nicht wirklich einschätzen. Wir stecken ja schließlich mitten drin.

Unser Antrieb sind dabei nicht kulturelle Veränderungen. Unser Motor ist die Wirtschaft und das Streben nach sozialen Kontakten. Es geht immer um Macht und um Wege, diese möglichst schnell und effektiv einzusetzen. Der Ruhrpott ist heute von einem tief greifenden Strukturwandel betroffen. Die Spuren seiner ehemaligen wirtschaftlichen Pulskraft sind

immer noch weithin sichtbar. Die Abdrücke eines vergangenen Zeitalters.

Die Straße führt uns über einen Hügel. Der Ausblick ist beeindruckend und so entscheiden wir uns, an einer Art Bau-
ruine unter Birken eine kleine Rast einzulegen. Ich schlafe fast
sofort ein, obwohl es nicht sonderlich bequem und auch nicht
gerade warm ist. Aber es ist ein ruhiger Ort und daher wie
geschaffen für eine Ruhepause.

Als ich erwache, fällt mir eine große, weiße Kugel auf, die etwas weiter im Tal liegt. Sie gleicht einem großen Fußball, vergessen nach einem Spiel oder zurückgelassen für die nächste
Runde.

„Sieht aus wie ein Fußball", werfe ich meine Überlegungen
in die Runde.

„Oder eine Art Ausguck." Lukas weiß sofort, wovon ich rede.

„Im Phantasialand steht doch so eine ähnliche Kugel."

„Das hier ist bestimmt etwas anderes." Und damit ist das In-
teresse meiner Mitstreiter auch schon aufgebraucht. Wir werden es wohl noch herausfinden.

Ich denke an die vor uns liegende Strecke, an Wuppertal,
Köln und Bonn. Wir können es schaffen, wenn wir uns ranhal-
ten. Wir müssen nur durchhalten und mit dieser Überlegung
beende ich die Rast.

Während wir den Weg ins Tal bestreiten, passieren wir die
weiße Kugel. IUZ Sternwarte steht auf einem nahegelegenen
Schild. Das merke ich mir. Vielleicht sehe ich ja später einmal
nach, was es damit auf sich hat. Zumindest hat der große Ball
nun einen Namen.

Überall sind Spuren des alten Erzabbaus: stillgelegte
Schächte, Kuhlen am Hang und Absperrschilder, die das Be-
treten des Geländes untersagen. Der Berg ist schnell passiert.
Vor uns liegt die Ruhr. Wir müssen auf die andere Seite und
den Fluss überqueren. Vor 150 Jahren hätten wir uns noch
eine Furt suchen müssen, eine seichte Stelle, an der wir die

Überquerung wagen könnten. Doch heute nutzen wir einfach die Brücke. Ein weiter Weg, aber ein trockener.

Verwirrungen

Menschen fahren hupend vorbei. Das ist schon verblüffend. In einigen Regionen erkennen uns die Leute sofort, anderswo sind sie eher misstrauisch eingestellt und verbergen ihre Emotionen hinter ausdruckslosen Mienen. Das Hupen ehrt uns ein wenig, aber es ist auch nervtötend. Denn es hört überhaupt nicht mehr auf. Wie ein immerwährendes Stakkato ziehen die Musiker vorbei und bilden ein eher schräges Orchester. Da werfe ich einen Blick auf die Straße und mir wird klar, dass die Huperei nicht uns betrifft, sondern einen kleinen Twingo, der langsam über den Asphalt zieht und beide Spuren belegt. Die ihm folgende Autoschlange wird immer länger, die Geschwindigkeit immer zäher. Dann platzt es aus mir heraus und ich lache und lache, kann mich nicht mehr einkriegen. „Starrummel" macht irgendwie auch beschränkt.

„Ich dachte, die hupen wegen uns."

„Dachte ich auch", ertönt es von Veronika und Lukas wie aus einem Munde und wir ziehen grinsend weiter.

Endlich erreichen wir die andere Seite. Von oben herab blicken wir auf die Ruhr und das Hotel „An der Kost". Doch den direkten Weg können wir nicht nehmen. Es gibt keine Stufen, die von der Brücke hinabführen. Und so geht es für uns erst einmal weiter geradeaus. Das ist ein eigenartiges Gefühl, nicht den eigenen Weg gehen zu können. Wir laufen so, wie es die Straße uns vorschreibt. Einen Umweg. Das Gefühl, nicht frei entscheiden zu können, ist ja nichts Neues und im Alltag auch völlig normal, aber nach einer Woche in der Natur ist es schwierig sich wieder daran zu gewöhnen. Die letzten beiden Tage sind mir gar nicht so bewusst in Erinnerung geblieben. Die Stadt war ein einziger Kulturschock, doch hier ist es irgendwie noch schlimmer. Wir brauchen eine halbe Ewigkeit, um ans Ende der Straße zu gelangen und uns einen Weg durch die Gassen zu suchen.

„Hey, wartet mal. Was ist denn das hier für ein Fluss?"

Veronika und Lukas schauen mich komisch an und gehen weiter.

„Hey, was soll das denn! Eben sind wir über die Ruhr gekommen. Und jetzt ist hier ein zweiter Fluss!"

„Das ist die Ruhr."

„Wollt ihr mich verarschen?"

Veronika kann sich nur sehr schwer orientieren und hat eher einen Orientierungsunsinn als den wirklichen Durchblick. Aber Lukas sollte das doch gemerkt haben.

„Das ist ein anderer Fluss und ich möchte wissen, wie der heißt."

Da stehen wir plötzlich vor einem Hotel. Der Schriftzug kommt mir irgendwie bekannt vor: „An der Kost". Wir sind im Kreis gelaufen. Eine halbe Stunde nur um wieder zur selben Stelle zu gelangen. Natürlich habe ich mich total lächerlich gemacht. Doch Navigation ist ein schwieriges Thema. Bin ich mit dem Auto unterwegs, gehe ich nach Straßenschildern oder schalte direkt das Navi ein. Ich achte dabei nicht so sehr auf den Weg, sondern lasse mich von den Zeichen leiten. Hier auf unserem Weg jedoch steuere ich Ziele an, Punkte, die weithin sichtbar hervorstechen. Wie die Feste Blankenstein.

„Jaja, orientieren ist wohl nicht so deine Stärke, was?"

Veronika lächelt mich zuckersüß an. Und ich weiß, was sie denkt. Sie hat das direkt durchschaut und rächt sich nun für alle Kommentare der letzten acht Jahre.

„Wer hat jetzt den Orientierungsunsinn, he?"

An der Ruhr angelangt machen wir Rast und erfrischen uns im Wasser. Es ist kühl und voller Muscheln und Krebse. Ob es sauber ist, wissen wir nicht, aber das sind wir schließlich auch nicht. Da rauscht ein Mann auf seinem Fahrrad vorbei, legt eine Vollbremsung hin und mustert uns.

„Habe von euch gelesen. Das finde ich super."

Noch bevor wir etwas erwidern können, beginnt er zu erzählen:

„Bin selbst auch immer auf der Suche nach neuen Herausforderungen. Habe gekündigt oder besser gesagt, bin im vorzeitigen Ruhestand."

Er erzählt uns von seinen Vorhaben: Bungeejumping, Paragliding und eine Reise nach Thailand. All das, um sich lebendig zu fühlen. Wir suchen uns heute Wege, um uns zu beweisen. In der Luft, im Wasser und in fernen Ländern. Manchmal liegt das Abenteuer aber auch sehr nahe. Zum Beispiel an der Ruhr, Ende August, in Leinenkleidung und auf Schusters Rappen.

Wieder zu dritt kommen wir an der Burg Blankenstein und an Fachwerkhäusern vorbei. Da erblicke ich einen Eisladen am Wegesrand.

„Hier geht's lang."

„Hast du das Wanderzeichen gesehen, oder was?"

„Nein, aber hier gibt es einen Eisladen. Das kann nicht verkehrt sein."

Doch, es ist verkehrt. Das Zeichen entdecken wir eine halbe Stunde später in der anderen Richtung. Noch nicht einmal Eis hat es gegeben, da die anderen sich nicht überzeugen ließen. Lieber kein Eis, das gab es doch noch nicht „zu unserer Zeit". Es sei denn, man hätte Schnee mit Beerenwasser versetzt und somit dem Winter eine eisige Köstlichkeit entlockt.

Dafür finden wir ein Stück weiter Marillen. Besser als nichts und ehrlich gesagt, ist es ein Genuss, einmal etwas anderes zu essen als Brombeeren und saure Äpfel. Das Wetterradar kündigt uns Regen an. Daher wollen wir auf jeden Fall eine Schutzhütte aufsuchen. Und tatsächlich soll es genau die in direkter Nähe geben. Noch zwei Kilometer, dann sind wir da.

Es ist erst drei Uhr und wir haben heute nichts mehr vor. Keine Termine, keine Interviews. Voll entspannt. Wir könnten hier bleiben, die Nacht erwarten, ein nettes Feuer bereiten und es uns gut gehen lassen. Doch wir sind alle etwas rastlos. So lange an einem Ort zu verbringen kann die Nerven strapazieren. Mehr noch, es bringt unsere Dynamik durcheinander.

„Was sagt denn die Wetter-App?"

„Eigentlich Regen, aber das ändert sich alle fünf Minuten. Bisher sieht es nicht danach aus."

„Welche Alternative gibt es denn? Wenn ein Ort auf unserer Strecke liegt, der ebenso gut ist wie dieser hier, dann gerne."

Die nächsten Minuten vergehen damit auf der Karte einen sicheren Platz für die Nacht zu finden. Hier gäbe es was, da vielleicht auch, sicher ist jedoch nichts.

Wir entscheiden uns trotzdem aufzubrechen und das Risiko einzugehen. Morgen früh haben wir ein Date mit der „Welt am Sonntag". Dafür spielt der Treffpunkt jedoch keine Rolle. Zumindest versichert uns dies der Reporter. Er sei nämlich wetterfest, gerne unterwegs und bringe passendes Schuhwerk mit. Wir müssen ihm nur noch einen genauen Stellungsbericht durchgeben.

Es regnet nicht, es nieselt zwischendurch nur ein wenig. Aber das können wir ab. Besser als das gegenseitige Anstarren in der Hütte. Vor uns liegt ein Gleitschirmstartplatz. Ich hätte diesen niemals als solchen erkannt, wenn nicht Lukas ein paar Worte übers Fliegen verloren hätte. Er hat einen Schein dafür und ist bereits des Öfteren geflogen. Das muss ein tolles Gefühl sein und ist allemal schneller als zu Fuß den Berg hinunterzulaufen.

Doch auch ohne Drachen gelangen wir endlich ans Ende dieses Berges. Wir sind ganz nah dran an Wuppertal, meinem Geburtsort. Aber hier wird es uns nicht lange halten. Unser Ziel ist es, eine geeignete Schlafstelle zu finden. Wir laufen zur A43 und können sie auch schon von Weitem sehen. Sie zieht sich als langer Streifen auf großen Stelzen durch die Landschaft.

„Da müssen wir drunterherlaufen." Wahnsinn, wie hoch die Fahrbahn über uns aufragt. Solange man darüberfährt, erscheinen einem die Schluchten und Täler zwar tief, doch von hier erscheint mir die Distanz unerreichbar und unüberwindbar zu sein.

Unten angekommen gabelt sich der Weg. Wir müssen ins

Hammertal und überqueren erst einmal eine Art Landstraße. Langsam wäre es schön zur Ruhe kommen zu können, denn wir sind schon fast 30 Kilometer unterwegs. Da kommt uns ein roter Zweisitzer entgegen, dem wir freundlich den Weg räumen. Er stoppt mitten auf der Straße und im nächsten Augenblick grinst uns ein freundliches Gesicht entgegen.

„Hallo, was sucht ihr denn hier? Kann ich euch helfen?"

Sie ist schön und in mittleren Jahren. Zudem trägt sie eine Art Wintermütze, die einen krassen Kontrast zu ihrer Bluse und der Sonnenbrille setzt. Diese Frau kann alles tragen, so scheint es.

„Über euch habe ich doch etwas in der Zeitung gelesen."

„Kann sein", rutscht es mir heraus.

„Ne. Das kann nicht nur sein, das ist so! Man muss nur Felle anziehen und schon sind die Menschen freundlich zu einem."

Ich überlege mir gerade, ob ich nicht einfach zu ihr steigen soll, um mit ihr in den Sonnenuntergang zu brausen. Das wäre eine Nummer. Wie die amerikanischen Filmstars zu ihren besten Zeiten. Ich reiße mich am Riemen, kann mich aber kaum mehr konzentrieren. Ein Blick auf Lukas gibt mir Gewissheit, dass ich mit diesem Gefühl nicht alleine bin, und ich entspanne mich.

„Wo geht es denn nach Gevelsberg?"

Die Frage kommt unvermittelt und schwebt von einem Ohr zum anderen.

„Das müsste die Straße hinauf sein. Nicht weit. Wenn ihr euch beeilt, seid ihr bestimmt in einer halben Stunde da."

Mit ihrem Wagen ginge das bestimmt sehr schnell, aber das ist unmöglich. Zumindest, wenn wir zusammenbleiben wollten. Für einen von uns wäre es jedoch denkbar.

„Danke, wir probieren es."

Schade, aber Veronika hat recht.

Ende gut, alles gut?

Wir gehen querfeldein. Eine halbe Stunde, das müssten

etwa zwei Kilometer zu Fuß sein. Nach kurzer Zeit stellt sich heraus, dass die vermeintliche Abkürzung über die Felder keine so gute Idee gewesen ist. Erst stoppt uns ein Zaun, dann ein Gestrüpp und ganz plötzlich endet der Pfad mitten im Wald. Kein Holzweg, aber eine Sackgasse. Wir kommen hier nicht mehr weiter. Es sei denn, wir wollten uns alle Haxen brechen. Hier liegt so viel totes Holz herum, das man damit eine ganze Stadt beheizen könnte. Lukas gibt uns den Rest. Er schaut auf seinem Tablet nach einem Ausweg, doch bekommt er nicht das, wonach es ihn verlangt. Kein Unterschlupf in Aussicht. Mehr stolpernd als laufend, stürzen wir den Abhang hinunter in Richtung Straße. Ein Bauernhof im Nirgendwo gibt uns zumindest ein wenig Hoffnung. Hier steht alles voller Autos. Und Leute. Und Hunde. Letztere machen Probleme. Und ehrlich gesagt, habe ich ein bisschen Schiss vor ihnen. Solch eine Meute auf einem Haufen ist vielleicht gefährlicher, als man denkt. Wenn die sich jetzt in Bewegung setzen, dann ist es aus. Früher wünschte ich mir immer einen Hund wie Wolfsblut. Ich liebte die Geschichte des kleinen Wolfs und verehrte Jack London. Das tue ich immer noch, nur bleibt mir immer weniger Zeit für Bücher.

Die Hunde hier scheinen jedoch auf niemanden zu hören und sind völlig außer Rand und Band. So etwas wünscht man seinem schlimmsten Feind nicht.

Wir schleichen uns vorbei, drücken uns entlang der Häuserwand in Richtung Straße. Vielleicht täusche ich mich, vielleicht ist es auch nur meiner Erschöpfung zu schulden. Doch es sieht gerade so aus, als bleckten nicht nur die Tiere, sondern auch die Herrchen und Frauchen ihre Zähne. Der Apfel fällt ja zumeist nicht weit vom Stamm.

Ein Schild weist uns darauf hin, dass das hier keine Kampfhundestation, sondern eine stinknormale Hundeschule ist.

Wir sehen zu, dass wir Land gewinnen und schaffen es letztlich bis zur Straße. Ziemlich k.o. und mittlerweile ohne Hoffnung lassen wir uns treiben.

„Da gibt es eine Brücke", sagt Lukas. „Ich schaue mal, ob da irgendwo ein Platz für uns wäre."

„Alles klar." Veronika und ich setzen uns hin und sind froh, die schweren Rucksäcke ablegen zu dürfen. Nach einer kurzen Zeit kommt Lukas zurück und schüttelt den Kopf. „Da gibt es keine Möglichkeit, an den Brückenseiten ist nur Straße. Oberhalb der Brücke habe ich einen Friedhof gesehen. Der ist aber sehr klein und ich denke nicht, dass es da eine Schutzhütte gibt. Also müssen wir weiter."

Eine Tankstelle, einen Bauernhof und einen Schrottplatz weiter sind wir am Ende unserer Kräfte. Endstation Hoffnung.

Da erblicken wir an einer Seitenstraße gelegen eine Art Fischteich mit einer kleinen Holzhütte. Wie es der Zufall will, arbeiten dort sogar noch ein paar Leute.

„Hallo."

„Hallo. Kann ich euch weiterhelfen?"

„Vielleicht schon. Wir suchen eine Bleibe für die Nacht und waren bisher erfolglos. Wisst ihr vielleicht etwas Passendes in der Nähe?"

„So auf Anhieb kommt mir nichts in den Sinn. Aber vielleicht können meine Eltern weiterhelfen. Mama, Papa. Kommt mal rüber."

Rüberkommen heißt auf einem schmalen Steg über den Teich zu balancieren. Alles ist mit Seerosen bedeckt und ich frage mich, ob der Weg nicht sicherer durch den Teich als über diese Bretter wäre. Doch die alten Herrschaften würden es wahrscheinlich auch mit verbundenen Augen schaffen. Wenn man einen Weg lange genug geht, gewöhnt man sich wohl daran.

„Einen Platz für die Nacht? Hier ist genug Platz, aber das wird nicht geduldet. Wissen Sie, wir haben das Grundstück nur gepachtet und verstehen uns mit der Besitzerin nicht allzu gut. Sie wohnt direkt da vorne, in dem stark beleuchteten Haus. Wir wollen keinen Ärger mit ihr. Können Sie das verstehen?"

Wir verstehen das.

„Kennen sie denn einen sicheren Ort hier in der Nähe?"

„Es gibt unten im Tal eine Ruine. Sie müssten am alten Postgelände vorbei und dann nach etwa 100 Metern den ersten Pfad links nehmen. Da sollten Sie etwas finden."

„Danke. Das hört sich super an."

Die Fischteiche und das Posttestgelände lassen wir schnell hinter uns. Wir finden den ausgewiesenen Weg und laufen durch Morast und Schlamm in Richtung der alten Ruine. Doch die Vorstellungswelt ist manchmal tückisch, mischen sich doch Erwartungen und Wünsche mit der harten Realität. Wir kommen an und die Trostlosigkeit dieses verlassenen Ortes ist niederschmetternd. Zumindest ist es trocken, doch Lukas ist der Unmut deutlich anzumerken. Wir legen erst einmal unsere Gepäckstücke ab und sehen uns um. Auf den zweiten Blick ist es sogar noch schlimmer als zuvor. Überall liegt Müll herum. Matratzen, Dosen, Plastikbeutel und alte Stofffetzen verteilen sich über den muffigen Boden. Das Mauerwerk der alten Industrieruine ist aufgeplatzt und rissig. Es gilt zu befürchten, dass uns der Himmel auf den Kopf fällt. Letztlich begibt sich Lukas auf die Suche nach einer anderen Stelle. Zwar glaube ich nicht, dass es ihm gelingen wird, aber der Versuch zählt.

In der Zwischenzeit bereiten Veronika und ich unser Nachtlager vor. Mit ein paar Buchenästen fegen wir den Boden in einem Bereich der Ruine und sammeln weitere Blätter für eine Bettstatt. Auf der Suche nach genügend Grün schauen wir uns das Gebäude genauer an. Es ist viel größer als anfangs gedacht und reicht weit in den Wald hinein. Auf dem Weg und entlang der Mauern liegen mehrere Kuhlen. Ich bin vorsichtig, da ich nicht hineinstolpern will und auch nicht weiß, wie tief es runtergeht. Da sehe ich ein Schild an einem alten Pfeiler: „Zeche Elisabethenglück".

Das war mal eine Zeche. Wahnsinn. Hier haben Menschen vor einer halben Ewigkeit tatsächlich Bergbau betrieben. Bis zu 190 Meter tief sind sie gegangen, um an Erz zu kommen. Ob hier mal etwas passiert ist? Wahrscheinlich nicht. In den 1960er- oder 1970er-Jahren ist das Werk hier dicht gemacht worden. Seitdem verfällt alles. So in einem Bergwerk zu stecken, ist bestimmt nicht sonderlich angenehm. Ich kriege manchmal schon in unserem Keller Platzangst. Schade eigentlich, dass das Gebäude mittlerweile so stark zerfallen ist. Mit etwas Geschick und den richtigen Ideen hätte man hier bestimmt etwas draus machen können. Jetzt aber scheint alles zu spät. Zumindest heute Nacht wird es hier neben ein

Die Zeche Elisabethenglück

paar Tieren auch wieder menschliches Leben geben. Bergbau ist eine ziemlich alte Kiste. In der Jungsteinzeit kamen ganz besondere Stücke aus den Alpen. Denn am Monte Viso oder dem Monte Beigua wurde Jadeit abgebaut – der Knüller der Jungsteinzeit. Richtig geschliffen, ist er in seiner Farbe einzigartig und war zumindest damals ein nahezu unbezahlbares Gut. Mit dem Erz verlor der Stein immer mehr an Bedeutung. Aber wer weiß, vielleicht wird es in Zukunft auch wieder andere Zeiten geben. Albert Einstein sagte schon: „Ich bin nicht sicher, mit welchen Waffen der dritte Weltkrieg ausgetragen wird, aber im vierten Weltkrieg werden sie mit Stöcken und Steinen kämpfen."

Langsam wird es wohnlicher. Wir haben unser Lager aufbereitet und mit den Fellen, den Blättern und etwas zu essen wird es uns wärmer und duftet angenehmer. Lukas ist zurück und gibt Bericht. Er hat nichts Besseres ausfindig machen können und damit ist es besiegelt. Wir bleiben hier. Die „Welt am Sonntag" ist schnell informiert und die Zeche Elisabethenglück ein mittlerweile annehmbares Gemäuer. Es gibt keine Fenster, der untere Teil des Gebäudes ist an allen Ecken und Enden offen, der obere Teil ist nur noch Ruine. Unter uns muss es weitere Hohlräume geben, doch die möchte ich wirklich nicht erkunden. Der Stein ist spröde, an vielen Stellen sieht man die Armierung hindurchblitzen. Der einsetzende Regen bestätigt zudem meine Vermutung. Der Ort leckt. Mal sehen, ob es trocken bleibt.

Wir schlafen noch, als der Regen richtig einsetzt. Zwischen Bierdosen, Grünzeug und einem tropfenden Dach ist das mehr, als ich zu wünschen hoffte.

Tag 10 / 25. August 2015

Die Suche nach dem Jakobsweg

Beim Erwachen erwartet uns Herr Fasel bereits. Er steht still im Wald und beobachtet. Veronika erblickt ihn zuerst, dann schälen wir uns langsam aus unseren Leinensäcken. Es regnet immer noch. Daher ist es schön, im Trockenen zu sitzen. An den Dreck haben wir uns mittlerweile gewöhnt und der Besuch muss sich einfach darauf einstellen. Wir teilen alles, was wir haben, unterhalten uns und stellen uns einander vor. Herr Fasel ist schon viel herumgekommen im Land. Das Journalistenleben habe ich mir, ehrlich gesagt, auch nicht anders vorgestellt. Eine Reise hat ihn und seine Frau einmal in die Alpen verschlagen. Nun ist so ein Urlaub ja meistens organisiert und es geht von Hütte zu Hütte. Ihr Urlaub hingegen verlief anders. Das Wetter spielte nicht mit und von einem Unterschlupf an einem abgelegenen Teil der Strecke schien weit und breit nichts zu sehen. Zumindest dieser Teil der Geschichte kommt mir bekannt vor. Keine Herberge, noch nicht einmal ein Heuschober. Von einer „rock shelter" ganz zu schweigen.

Das Wetter wurde immer ungemütlicher. Erst kam der Wind und Regen sollte folgen, so erzählt Herr Fasel.

„Wie aus dem Nichts tauchte plötzlich eine einfache Almhütte auf. Keine Ziegen, keine Hunde, nur ein paar schmale Kühe im Stall und ein alter, weißbärtiger Bergbauer, der barfuß eine extrem steile Wiese mit der Sense mähte. Es gab keine eigentliche Unterhaltung, nur Blickkontakt und gelegentliches Murmeln und wenn er sprach, dann eine Mischung aus Bargaiot, seinem Bergeller Dialekt und ein paar Brocken Italienisch und Deutsch."

Zäh aber unaufhaltsam gab es etwas wie einen Fortschritt und sie lernten sich näher kennen. Arbeit ist manchmal die beste Art der Unterhaltung und so half Herr Fasel schwere

Kiepen von der Wiese in die Scheune zu schleppen. Die Abläufe sind überall auf der Welt ähnlich, zumindest, wenn es um handwerkliche Dinge geht. Arbeit ist universell einfach. Es gibt immer ein Ziel, dass auf die eine oder andere Art und Weise erreicht werden kann, ganz ohne Worte. Die Stube war karg, mit offener Feuerstelle ohne Kamin. Schlagartig muss ich an Oerlinghausen und unsere Zeit im rekonstruierten jungsteinzeitlichen Haus zurückdenken. Es ist doch immer wieder verblüffend, dass es auch heute noch Menschen gibt, die unseren Vorfahren ähnlich leben und auf die Vorzüge der Zivilisation gerne verzichten. Zumindest erzählt uns Herr Fasel, dass er gerne noch eine Weile länger geblieben wäre, um mehr über Land und Leute zu erfahren.

„Es war gut. Das Essen zwar rustikal, aber so was hatte ich bisher noch nicht erlebt. Der Käse lebte." Und damit war nicht der Schimmel, sondern die Maden darauf gemeint.

Davon hatte ich bisher nur gelesen. Ein Käse, der lange genug liegengelassen Fliegen anlockt und dann nach ein paar Tagen neues Leben schenkt. Er muss höllisch gerochen haben. Aber von dem Gefühl in Mund und auf der Zunge mal abgesehen vorzüglich geschmeckt haben.

Ötzi

Früher habe ich mich für so etwas begeistern können. Nicht für den Käse, sondern für ein Leben auf den Bergen mit einer Ziegenherde oder zumindest ein paar Haustieren. Ein anstrengendes Leben, aber voller Echtheit und Kraft. Früher, das heißt vor 6000 Jahren, gab es ebenfalls Menschen, die hier in den Alpen lebten. Sie zogen vom heutigen Italien nach Frankreich oder nach Deutschland. Menschen, die Handel über weite Entfernungen trieben und für Austausch zwischen den Kulturen sorgten. Auch Ötzi war ein solcher Wanderer und der Namensgeber unserer Reise.

Ötzi hat die Vorlage für unsere Ausrüstung geliefert. Rucksack, aber auch Schnüre und die Machart seiner Schuhe lieferten eine ungemeine Unterstützung für unsere Sachen. Er ist der Kassenschlager und sorgt immer wieder für Aufsehen sowie für neue bahnbrechende Erkenntnisse über die Lebenswelt vor circa 5500 Jahren.

Seine Kleidung, seine Ausrüstung, aber auch sein Körper geben Einblicke in eine Welt, die uns ansonsten völlig verschlossen geblieben wäre.

Sogar die letzten Stunden vor seinem Tod lassen sich sehr genau nachzeichnen. Er wurde ermordet, so viel steht fest. Pfeilspitzen, die immer noch in seinem Körper stecken, fügten ihm Verletzungen zu, die er damals nicht überlebte. Aber auch sein Magen zeichnet ein detailliertes Bild von seiner Ernährung: Alpensteinbock, Birkenporling und Hopfenbuche stellten sein letztes Mal dar. Ein medizinisches Highlight sind Borrelien in seinem Körper, die den ältesten Nachweis eines Zeckenbisses in unserer Geschichte liefern. Warum er jedoch sein Leben lassen musste und wer ihm auf der Spur war, bleibt ein Rätsel. Obwohl letztlich sogar Profiler eingeschaltet wurden, die ganz im Stile der Kultserien „CSI" oder „Lie to me" ein Täterprofil erstellen wollen.

Sein ganzer Körper zeigt seltsame Tätowierungen. Zumindest hierfür gibt es eine Erklärung. Denn die liegen genau auf den gängigen Akupunkturstellen des Körpers. Es ist immer wieder verblüffend, wie wissend die Menschen seit jeher gewesen sind und wieviel zwischenzeitlich verloren ging. Vielleicht verliebte sich Ötzi in die falsche Frau oder legte sich mit den falschen Männern an. Sicher ist nur, dass es ihn letztlich das Leben kostete und er sein Geheimnis mit in den Tod nahm.

Über den Wolken

Es hört auf zu regnen und wir machen uns auf den Weg. Herr Fasel will uns ein Stück begleiten. Alles ist schmutzig und der Boden total aufgeweicht. Anfangs kommen wir noch gut voran. Nach kurzer Zeit sind unsere Schuhe jedoch so durchweicht, dass ein sicheres Fortschreiten nicht mehr möglich ist. Ich rutsche ständig aus und durch das Scheuern meiner Füße am blanken Leder bilden sich neue Blasen. Also ziehe ich die Treter kurzerhand aus, hänge sie über meinen Rucksack und laufe barfuß weiter. Das löst erst einmal eine heiße Diskussion über die Bequemlichkeit dieser Vorgehensweise aus. Am Ende einigen wir uns darauf, dass das richtige Schuhwerk natürlich viel mehr Halt und Sicherheit gibt als nackte Füße. In unserem Fall lässt sich das aber bezweifeln.

„Ihr legt ein ganz gutes Tempo vor, wenn ich das mal so sagen darf." Herr Fasel gefällt mir immer besser und das Lob geht runter wie warme Butter.

Da bin ich ehrlich gesagt auch ein wenig stolz drauf. Wir gehen wirklich schnell trotz unserer Ausrüstung. Das liegt nicht etwa an unserer Erfahrung oder an unserer Zähheit. Es ist nur so, dass schnelles Gehen den Körper schneller warm werden lässt. Mit Jacke, Pulli und langer Hose würden wir uns wahrscheinlich mehr Zeit lassen. Woher wir gehen, nehme ich gar nicht wahr. Wald, Wiesen, Felder, Höfe, Dörfer und Seen ziehen an uns vorbei wie Wolken am Himmel. Alle verschieden, doch irgendwie auch gleich. Wir sind wie Segel im Wind auf einem Ozean voller Möglichkeiten. Wir treiben dahin, immer auf Kurs, manchmal kreuzend, manchmal geradeaus. Doch immer behalten wir unser großes Ziel im Auge: Bonn zu erreichen in den fünf verbleibenden Tagen.

„Hinter dem Hügel muss Gevelsberg liegen." Eine vage Hoffnung keimt in mir, doch gleicht jede Landschaft der nächsten und ich traue der ganzen Sache noch nicht.

„Und hier werde ich mich von euch verabschieden. Es hat Spaß gemacht, euch ein Stück des Weges zu begleiten."

Ein Stück, das waren gute zwei Stunden, die Herr Fasel auch wieder zurück zu seinem Auto gehen muss. Nicht schlecht. Wir verlieren uns schnell aus der Sicht, was aber bleibt, ist ein Gefühl der Verbundenheit. Wir fühlen uns verstanden und hoffen auf einen schönen Artikel für das Bonner Museum und die Ausstellung.

Ich verliere mich in meinen Gedanken und folge Lukas und Veronika. Erst als wir ein großes Gebäude passieren, erwache ich kurz aus meiner Gedankenwelt. Eine Art Imbiss oder Caféhäuschen am Weg. Ein paar ältere Herrschaften sitzen vergnüglich vor einem der Eingänge und mustern uns.

„Kommt doch zu uns."

Erst verstehe ich die Aufforderung gar nicht und bleibe verdutzt stehen.

„Ja, euch meinen wir. Kommt her. Kriegt auch 'nen Kaffee."

„Nein danke. Wir haben noch ein Stück zu gehen und müssen in einer Stunde in Gevelsberg sein."

„Da habt ihr euch aber was vorgenommen. Na, dann mal los und viel Erfolg."

Erst jetzt erkenne ich, dass es sich bei dem Gebäude um ein Altenheim handelt. Es sieht gar nicht so aus und die Leute machen einen sehr zufriedenen Eindruck. Wenn ich mir das so überlege, ist das nicht immer der Fall. Meine Großmutter hat die letzten zwei Jahre ihres Lebens in einem Seniorenheim zugebracht. Standard. Es gab Beschäftigung, Spielabende, Animationen, Zeit zum Austausch. Doch das eigentliche Bedürfnis wurde nicht befriedigt: im Kreis der Familie zu bleiben und den letzten Atemzug im gewohnten Umfeld zu tätigen. Nicht unbedingt besser als das organisierte Leben in einem Altenheim, gerade wenn man an die Pflege denkt. Doch es bleibt die Frage, was uns letztlich am glücklichsten macht. Das Leben wird heutzutage oft künstlich in die Länge gezogen. Herzschrittmacher, Aufputschspritzen und Maschinen verlängern es, jedoch oft zu Lasten der Qualität. Meine Großmutter hat diese Jahre im Altenheim gehasst und wir als Familie konnten ihr ein anderes Leben leider nicht ermöglichen. Vor allem für meine Mutter war das eine schwere Zeit, voll mit täglichen Besuchen, Sorgen und Gedanken, immer im Bestreben, die Situation zu verbessern. Früher, so denke ich zumindest, wäre das Leben meiner Großmutter zwar kürzer gewesen, doch dafür auch erfüllter und selbstbestimmter. Auch wenn ich einen

Hang zum Romantischen habe, bleibe ich hartnäckig bei dieser Überzeugung. Und während sich meine Stimmung trübt, brauen sich die ersten Wolken am Himmel zusammen, um Regen und Unwetter über das Land zu bringen.

Hier gibt es immer mehr Maisfelder. Die haben wir die letzte Woche über eigentlich nie gesehen. Mais ist eines der ersten Kulturgüter. Jedoch nicht für unsere Region, sondern auf der anderen Seite des Ozeans. Viel zu oft vergesse ich, dass es natürlich auch in anderen Ecken der Welt neue Zivilisationen gab. Mais kommt ursprünglich aus Mexiko und fand erst mit Kolumbus den Weg in unsere Welt.

1525 tauchte die Pflanze in Spanien auf. Aber auch in der heutigen Türkei oder am oberen Euphrat sind ihre Spuren zu finden. Am Anfang gab es Mais hier zu Lande nur in Vorgärten. Heute aber sind Produkte wie Ribelgold oder Maisbier natürlich nichts Neues mehr und das Nahrungsmittel hat sich etabliert. In vielen anderen Produkten steckt ebenfalls Mais, wie in Ketchup oder Cornflakes. Mais regiert viele Teile unserer Welt und ist die einzige im Handel erhältliche Pflanze, die genetisch extrem verändert wurde. Die riesigen angelegten Felder haben einen großen Einfluss auf die Artenvielfalt und verdrängen in manchen Ländern wertvollere Nahrungsmittel wie Hirse oder Couscous – richtig traurig, das mit anzusehen. Vor allem die Felder stehen im krassen Kontrast zu allem anderen. Weitläufig ausgedehnt saugen sie den Boden aus und nach der Ernte bleibt nichts anderes als eine riesige Schlammfläche. Solange er subventioniert wird, findet jedoch auch der Anbau statt.

Gevelsberg ist nun nicht mehr weit entfernt, nur noch ein paar Hügel und dann sollten wir es geschafft haben.
„Hardt".
„Was hast du gesagt Lukas?"
„Hardt steht da. Auf dem Schild da vorne."

Das weckt Erinnerungen. Die Hardt, na klar. Hier war ich sogar noch vor ein paar Jahren. Ein Hügel mit freier Sicht über das Wuppertaler Land. Meine Großmutter Lieselotte ist hier in der Nähe groß geworden. In Dahlerau, einem kleinen Örtchen an der Wupper. Ihre Mutter arbeitete dort bei der Firma Wülfing. Heute gibt es das Unternehmen nicht mehr. Früher jedoch haben sie Stoffe hergestellt. Eine Tuchfabrik. Rund um Wuppertal gab es sehr viel Industrie und auch heute noch sind Firmen wie Vorwerk hier tätig. Auch Lieselotte ist hier bereits als kleines Mädchen arbeiten gegangen. Die Möglichkeiten zu dieser Zeit waren sehr begrenzt, auch wenn die schulischen Leistungen eine große Karriere vorsahen. Es kam darauf an Geld zu verdienen, statt es in die Bildung zu stecken. Jedenfalls war dies die Überzeugung meiner Urgroßmutter.

Lieselotte hatte also keine Chance. Zwar war sie Klassenbeste und der Lehrer gewährte ihr sogar manches Mal den Unterricht zu führen. Doch eine weiterführende Schule kostete Geld und das war dafür nicht vorgesehen. Doch der Lehrer hatte eine Idee. Er sorgte für die Übernahme des Schulgelds. Es fehlte nur noch die Einwilligung der Mutter: eine Unterschrift und die Zusicherung ihrer Stimme für die NSDAP. Die Mutter jedoch kam mit den Überzeugungen Hitlers nicht zurecht. Als Arbeiterfrau wählte sie die SPD. 1934 wollte sie nichts mit dem nationalsozialistischen System zu schaffen haben. Lieselotte aber leuchtete das nicht ein. Natürlich nicht. Sie sah nur ihren Traum, einmal Lehrerin werden zu wollen. Doch dies blieb ihr verwehrt. Sie ging nicht auf eine weiterführende Schule, studierte nicht und machte stattdessen eine Weiterbildung zur Stenotypistin. Später landete sie bei Reinhard Schmidt, einer großen Briefumschlagsfabrik in Wuppertal, als Sekretärin. Sie machte ihren Weg, auch wenn es ein anderer war, als der erhoffte. Die Familiengeschichte nahm ihren Lauf ohne das nationalsozialistische System.

Eine Sache aber drängt sich mir auf: Graf Zeppelin. 1927

war ein besonderes Jahr, denn die „Hindenburg" flog über Wuppertal. Das gesamte Dorf stürmte auf die Hardt, um einen Blick auf dieses Wunderwerk der Technik zu erhaschen. Denn von hier aus ließ sich das weite Land vorzüglich überblicken. Niemand achtete jedoch auf meine Großmutter, damals erst sechs Jahre. Auch mein Großonkel ließ sie zurück und stürmte allein den Hügel hinauf. Einer jedoch erbarmte sich, nahm meine Oma bei der Hand und zog sie mit sich. Das muss ein toller Augenblick gewesen sein, denn oben angekommen, erblickten sie tatsächlich das Luftschiff. Die „Hindenburg" ließ damals über Wuppertal die Schnauze wie zur Verbeugung sinken, indem die ganze Besatzung zum Vorderteil des Schiffes lief und somit den Schwerpunkt verlagerte. Großartig!

Wir ziehen weiter in der Überzeugung, dass es auch in Zukunft noch viele Veränderungen geben wird. Vielleicht werden meine Kinder oder Enkel, die ersten bemannten Raumschiffe zum Mars starten sehen. Vielleicht auch mit 4D-Brillen die Welt erkunden. Wichtig wäre mir nur, dass sie dabei sprichwörtlich immer mit beiden Füßen auf dem Boden bleiben.

Die Bahnhofsgaststätte

Endlich. Gevelsberg, zwei Kilometer. Komische Stadt, was aber immer auch an der Perspektive liegt. Wir laufen erst einmal durch das Industriegebiet. Abgerissene Läden und Baustellen säumen den Weg. Eine riesige backsteinerne Brücke spannt sich über das Tal, überragt unsere Köpfe um ein Vielfaches unserer Körpergröße. Ein Relikt aus längst vergangener Zeit, ein Urkoloss im Zeitalter der Modernisierung, ein Gigant aus Stahl und Rost. Im nächsten Augenblick rauscht ein Zug über unsere Köpfe hinweg und erfüllt die Luft mit Dröhnen und Stampfen. Dann kommt der Regen. Vielleicht finden wir am Bahnhof einen Unterschlupf? Langsam wird es nass, aber es ist auch nicht mehr weit.

Am Bahnhof angelangt, werden wir bereits erwartet. Ein junger Reporter steht bereit, den Block gezückt. Ohne Vorwarnung stürmt er uns entgegen und beginnt seinen Fragenkatalog abzuarbeiten. Während des Dialogs arbeiten wir uns langsam in Richtung Bahnhofskneipe vor oder besser gesagt, wir nutzen einen Tisch, der vor dem Kiosk steht, und unterhalten uns mit dem jungen Mann. Fünf Fragen in 15 Minuten. Die Uhr ständig im Blick sieht er etwas gehetzt aus. Dann steht er auf.

„So, ich glaube, das wär's. Wenn euch nichts mehr einfällt, mache ich mich wieder auf den Weg."

Und ehe wir uns versehen, sprintet er zum Gleis, fliegt in den einfahrenden Zug und fährt ins Ungewisse. Rasender Reporter passt sprichwörtlich wie die Faust aufs Auge.

Langsam gewöhne ich mich an die Kneipe. Drinnen ist allerlei Volk unterwegs. Bahnhofskultur pur. Spielautomaten, Bierflaschen und Zankereien. Da tritt einer der Gäste zu uns.

„Hey, kann ich euch was bringen? Ein Bier oder eine Cola?"

„Wenn ihr einen Kamillentee hättet, würde ich einen nehmen."

Und tatsächlich fünf Minuten später stehen drei dampfende Tassen vor uns. Das ist Wahnsinn.

„Ihr seid eingeladen. So lernt ihr mal die Gevelsberger Gastfreundschaft kennen."

Damit hätte ich nicht gerechnet. Aber Überraschungen erwarten uns zumeist an den unglaublichsten Stellen. Mittlerweile laden unsere Handys, das Tablet und auch die „GoPro" wieder auf. Alles an einem der hiesigen Spielautomaten, dessen Verkabelung weit mehr hergibt, als für die Lichterwellen und Klingelsounds notwendig ist. Lukas ist ein wenig besorgt, dass die Geräte geklaut werden könnten. Aber der Stress ist überflüssig. Hier passiert nichts, denn die Banhofskneipenklientel gibt aufeinander acht. Er besorgt sich eine riesige Tafel Schokolade, mindestens 300 Gramm und stopft sie sich direkt vor unseren Augen in den Mund. Dazu sei gesagt, dass Lukas ein echter Schoko-Junkie ist. Drei Tafeln Schokolade sind gar nichts für ihn und das in weniger als fünf Minuten.

Ich habe das immer bewundert. Zumal wenn man seine Statur dabei berücksichtigt. Ein Körper wie Stahl ohne ein einziges Gramm Fett. Doch wie es das Schicksal will, klagt er kurze Zeit später über Bauchschmerzen. Ohne Training muss selbst Lukas passen. Insgeheim freut mich das etwas, denn Übereifer muss bestraft werden. Außerdem würde er mit dem Zucker intus und bei voller körperlicher Kraft bestimmt doppeltes Tempo anschlagen. Ein kleiner Dämpfer kann da nicht schaden.

Jakobsweg
Wir entkabeln unsere halb geladenen Geräte und begeben uns in Startposition. Zum Dank an die Kollegen der Bahnhofskneipe lassen wir ein Stück Feuerstein da. Dann brechen wir auf. Zum Glück hat es aufgehört zu regnen. Sogar die Sonne kämpft sich für Augenblicke durch die Wolken. Es geht ins Tal und hier, ganz unvermittelt, präsentiert sich ein ganz anderes Bild der Stadt. Aufgeräumt, schick und multikulturell. Naja, dafür ist sicherlich auch der Jakobsweg verantwortlich. Wir decken uns ein, mit Brot und Ziegenkäse. Ganz so glimpflich wie zuvor in der Bahnhofskneipe kommen wir nicht davon. Der Tausch der Nahrungsmittel gegen Feuerstein wird zumindest nicht geduldet. Nur bare Münze wird akzeptiert. Der Tausch hat mir besser gefallen, aber was soll's. Zum ersten Mal auf dieser Reise krame ich ein paar Scheine aus einem Leinensäckchen hervor. Sie sind nahezu gewichtlos. Im Gegensatz zum zuvor getauschten Feuerstein ist ihr Wert in großen Lettern vermerkt. Zum ersten Mal jedoch seit einer gefühlten Ewigkeit scheint mir der Nutzen eines solchen Papiers sehr fragwürdig. Gebrauchsgegenstände ergeben einen Sinn, denn sie erfüllen einen Zweck. Selbst klingende Münze ist nachvollziehbar, auch wenn dem Metall erst durch Prägung eine bestimmte Zähleinheit zugeordnet wird. Zumindest ist es aber ein Stoff, der erworben wird. Aber Papiergeld? Ich könnte noch nicht einmal konkret formulieren, seit wann es dieses

Auf dem Jakobsweg durch Gevelsberg

Zahlungsmittel im Abendland gibt. So auf Anhieb fallen mir nur die Franzosen ein, die bereits Ende des 18. Jahrhunderts sogenannte Assignaten in die Rheinlande einführten. Das waren Staatsanleihen. Das heißt also, alles das, was dem Staat gehörte, wurde gezählt und daraufhin erhielt man einen Schein mit einer Ziffer versehen, als Teil der Schätze Frankreichs. Ich glaube hier im Laden, mit dem Schein in der Hand, eine Ahnung zu bekommen, wie verwirrt die Menschen gewesen sein müssen. Die Idee muss sich festgesetzt haben und wird seit nunmehr 200 Jahren praktiziert. Was aber, wenn der Staat pleitegeht, die Nationen auseinanderbrechen, Zivilisationen andere Wege einschlagen? Zumindest habe ich dann noch einen Feuerstein, einen Pyrit und eine Ahnung davon, was zum Überleben wirklich wichtig ist. Wir zahlen. Die Scheine verschwinden hinter dem Tresen, der Käse und das Brot fallen in meinen Rucksack.

Wir folgen dem Jakobsweg steil bergauf und entlang der Straße. Der Käse macht sich direkt bemerkbar. Und auch das Brot spüre ich bei jedem Schritt. Zeit für eine Pause und ein ausgiebiges Mal. Nach einer gefühlten Ewigkeit finden wir eine geschützte Stelle. Und schon sitzen wir auf den Fellen und essen das, was die Rucksäcke hergeben. Richtig gemütlich ist es hier nicht. Das Wetter ist wieder umgeschlagen und der Wind treibt leichten Nieselregen über das Land. So wie die letzten beiden Nächte werden wir auch an diesem Abend eine sichere Stelle aufsuchen müssen.

Hoffentlich bleibt uns das Glück hold, einen passenden Ort für die Nacht zu finden. Wir passieren Felder und Wiesen und gelangen in eine Art Stadtpark. Ein Pärchen läuft vorbei und wir nutzen die Gelegenheit, sie nach einem Unterschlupf zu fragen.

„Gleich hier gibt es eine Schutzhütte. Die sollte passen."

Sie liegt direkt an einem kleinen Teich. Ich würde gerne ein Feuer entzünden und kundschafte die nahe gelegenen Hänge nach Holz aus. Doch es gibt zu viele Menschen, die den Weg passieren. Ein Grund, der gegen das Feuer spricht.

Wir erleben den Tümpel inmitten des Rastplatzes als wahres Kleinod für Hunde. Selbst binnen kürzester Zeit zähle ich fünf Familien mit Vierbeinern, deren Tiere das schlammige Wasser zum Saufen oder sogar zum Plantschen nutzen.

Ein junger Mann tritt an uns heran. Sein Hund sieht lustig aus. Kaum Haare auf dem Körper, mit fleckiger Haut, wirkt er sehr sonderbar.

Natürlich kommen wir ins Gespräch. Er berichtet von seinem Aufenthalt in Australien. Auch ohne diesen Hinweis hätten wir ihn für einen Reisenden gehalten, denn sein fremdländischer Akzent ist stark und ausgeprägt. Er ist euphorisch, spricht davon bei nächster Gelegenheit wieder loszuziehen, um dann womöglich länger fortzubleiben als nur ein Jahr.

In andere Lebenswelten einzutauchen scheint zumindest für ihn einen hohen Stellenwert zu haben. Zurückzukommen hingegen bedeutet manches Mal eine Qual. Den alten Rhythmus aufzunehmen, in übliche Strukturen zu verfallen, das gewohnte Leben zu leben. Heute liegt das Fremde sehr nah und in greifbarer Nähe. Wenn ich überlege, dass sein Flug 20 Stunden gedauert hat für eine etwa 20 000 Kilometer weite Strecke, wird mir fast schwindelig. Denn mittlerweile sind wir zwar schon zehn Tage unterwegs, haben aber erst 160 Kilometer geschafft. Unabhängig jedoch von den Strecken und Distanzen liegt unser Bedürfnis darin, aus dem üblichen Trott auszubrechen. Nicht die Entfernungen sind dabei maßgeblich, sondern das Gefühl der Veränderung und die eigene Wahrnehmung. Denn „um zu begreifen, daß der Himmel überall blau ist, braucht man nicht um die Welt zu reisen", schrieb einst Johann Wolfgang von Goethe und eine chinesische Weisheit rät, „Schildkröten können dir mehr über den Weg erzählen als Hasen".

Wir bleiben zurück an diesem Ort und sind glücklich über das Dach über unseren Köpfen. Je mehr Tropfen die Blätter benetzen und die Oberfläche des Sees kräuseln, desto ruhiger wird es, bis wir jeder für sich im Prasseln des Regens und Stürmen des Windes einschlafen.

Tag 11 / 26. August 2015

Ein Unglück kommt selten allein

Ich konzentriere mich nicht mehr auf die Landschaft. Zu ähnlich ist alles geworden. Dafür ziehen mich die Häuser der Region in ihren Bann. Sie sind faszinierend und schön. Schieferdächer und grüne Klappläden. Die Fassaden sind mal aus Fachwerk, mal aus Stein gebaut. Nicht aus Backstein, sondern aus Grauwacke im grünlichgrauen Glanz der Jahrhunderte. Wir sind früh aufgebrochen, um voranzukommen und ganz in der Nähe Radevormwalds. Dort geht Carsten zur Schule. Carsten ist unser bester Freund. Lehrer am hiesigen Gymnasium. Wir könnten ihn besuchen. Doch der nächste Termin treibt uns voran. „Phoenix" hat sich angekündigt. Oben auf einem Hügel im Nirgendwo scheint der Platz günstig. Der Blick geht weit übers Land und die Sonne scheint. Sie sind zu viert. Ein Kameramann, eine Tontechnikerin, eine Regisseurin und eine Moderatorin. Wir laufen, reden und werden gefilmt. Es soll ein Beitrag über spezielle Wanderungen werden. Alles ist ein wenig improvisiert, aber das sollte spontanes Fernsehen auch ausmachen. Zuletzt legen wir unsere Felle aus und bereiten uns eine Art Mittagessen. Es reicht für alle. Zumindest probieren alle etwas von unseren Vorräten. Käse und Brot und ein paar Nüsse.

„Wollt ihr ein Buch über eure Reise schreiben?"

„Ein Buch?"

„Ja klar. Das liegt doch nahe, oder? Bietet sich zumindest an. Ihr seid unterwegs, bereist die Lande. Es könnte sogar ein Kochbuch werden. Da gibt es doch so viel drüber im Moment."

„Steinzeitdiät ist voll in."

„Stimmt. Das ist momentan voll der Hype."

Darüber habe ich bisher gar nicht nachgedacht. Ein Buch über unsere Reise. Wie könnte das wohl aussehen? Ernährungstechnisch wäre da vielleicht was rauszuholen, aber eigentlich sind die Veränderungen zu dieser Zeit eher negativ. Gab es zu Zeiten der Jäger und Sammler nur Fleisch, Fisch, Beeren und Kräuter, hört sich das vielleicht wenig an. Aber darauf war der Körper eingestellt. Über Millionen Jahre genügte das dem Menschen als Grundlage seiner Energieversorgung. Und dann, ganz plötzlich gibt es Fast-Food. Getreide, Energiekörner, die den Haushalt des Menschen völlig durcheinanderbringen. Und Zucker sowie Salz.

Heute leben wir im Überfluss. Zumindest hier in Deutschland. Nichts, was nicht besorgt werden kann. Natürlich macht es da Sinn, ein Kochbuch zur alten Küche herauszubringen, ohne Getreide, ohne Hülsenfrüchte. „Back to the roots" eben. Aber das läge mir nicht. Denn Kochen ist nicht so mein Fall.

Später dann verabschieden wir uns. Es ist bereits früher Abend geworden. Das Wetterradar vermiest uns erneut die Laune, denn für die kommende Nacht und den folgenden Tag ist wieder Regen angesagt. Hoffentlich nicht. Wir könnten es nämlich schaffen. Wir können die Strecke bis nach Bonn bewältigen, und zwar bis Sonntag, in der angekündigten Zeit. Aber dazu brauchen wir trockenes Wetter.

Das Missgeschick

Ein Stück weiter überqueren wir einen Bach. Hier füllen wir noch einmal unsere Reserven auf. Ich halte gerade die Flasche unters Wasser als Lukas wie von der Hornisse gestochen aufspringt.

„Scheiße, Scheiße, Scheiße!"

Aus dem Augenwinkel sehe ich ihn ins Wasser springen und nach etwas greifen.

„Was ist los?"

„Die „GoPro" ist mir gerade ins Wasser gefallen."

Das ist natürlich denkbar ungünstig. Zwar gibt es eine Hülle, die das Ganze vor Wasser schützt, aber die liegt im Trockenen oben an der Stelle, wo Lukas vor zehn Sekunden noch saß. Er muss den Verschluss gelöst haben und dabei ist ihm wahrscheinlich die Kamera ins Wasser gefallen.

„Scheiße."

Sie funktioniert nicht mehr und die Stimmung ist denkbar ungünstig. Alles Probieren hilft nichts Die Kamera gibt kein Lebenszeichen von sich. Das hat uns gerade noch gefehlt. Die Option auf einen regnerischen Tag und eine kaputte Kamera lässt die Stimmung gefrieren.

Im angrenzenden Waldstück liegen ein See sowie eine kleine Hütte. Ganz nett. Zumindest wird sie uns sicher vor dem angekündigten Regen schützen. Doch die Idylle täuscht. Der Lärm der Autobahn überschattet alles. Kaum vorzustellen, aber der ständige Geräuschpegel ist nicht auszuhalten. Es kommen sehr viele Menschen hierher. Einige werfen Bälle, andere Stöcke und manche genießen die Auszeit ohne zusätzliche Beschäftigung für ihre Vierbeiner. Langsam leben wir uns ein und machen es uns in der Hütte gemütlich. Je später es wird, desto bekannter wird das Umfeld. Denn die Leute, die uns am Abend begegnet sind, drehen auch jetzt zu späterer Stunde noch eine letzte Runde. Das fehlt uns noch. Ein Hund an unserer Seite, der uns die Zeit vertreibt, uns wärmt und beschützt. Aber so schnell lässt sich wohl keiner auftreiben.

Wir hoffen, dass sich der Wetterbericht täuscht. Dass es morgen keinen Regen geben wird und dass wir es bis nach Altenberg schaffen. Dann wäre der Rest ein Klacks. Doch das Wetter muss mitspielen. Zwei letzte sonnige Tage noch, dann wäre es geschafft.

Der Abend ist ereignislos öde. Wir gehen uns gegenseitig gehörig auf die Nerven und die kaputte Kamera scheint unsere Ablehnung noch zu verstärken. Ich sammle ein paar Steine und ritze ein Mühlespiel in den lehmigen Sand des Unterstands. Wie ich dieses Spiel liebe und hasse. Ich habe es früher immer gegen meinen Onkel gespielt. So leicht es aussieht, scheint es doch eine Art Taktik zu geben. Denn egal, wie oft wir gegeneinander spielten, ich war und blieb immer der Verlierer. Lukas nimmt die Rindenstückchen, ich die Steine und wie es aussieht, habe ich Glück. Tatsächlich aber geht das Spiel unentschieden aus.

Der Abend verläuft zäh im bitteren Bangen und mit dem schwermütigen Gedanken, der sich immer fester in meinen Geist zu brennen scheint: Der Regen wird kommen. Wir suchen uns eine sichere Schlafstelle unter freiem Himmel. Sei es aus Trotz oder aus Unvernunft. Denn ich will noch nicht akzeptieren, dass es morgen nicht weitergehen könnte. Der einsetzende Regen treibt uns unter das Dach. Die Hütte ist unheimlich klein und beengt. Ganz anders, als ich sie während des Abends wahrgenommen habe. Erst als ich meine Augen wieder schließe, atme ich ruhiger mit den Gedanken an einen neuen, trockenen Tag.

Ein Mühle-Spiel zum Zeitvertreib

Tag 12 / 27. August 2015

Der etwas andere Tag

Es ist früher Morgen. Die Stimmung schwankt und muss sich noch einpendeln. Zumindest regnet es gerade nicht. Spätestens ab zehn Uhr soll sich dies wieder ändern. Wir haben im Umkreis von 20 Kilometern keine Möglichkeit für einen Unterschlupf gefunden. Auch Simon, den ich regelmäßig auf dem Laufenden halte, weiß keine Alternative. Entweder wir brechen auf, hoffen auf gutes Wetter oder wir beißen in den sauren Apfel und bleiben hier. Es ist ganz einfach frustrierend. Ohne diesen Tag kommen wir nicht ans Ziel, zumindest nicht rechtzeitig. Niemals hätte ich es für möglich gehalten, dass mich das so beschäftigt. Ich fühle mich hundeelend und könnte losheulen. Unser Ziel rückt in weite Ferne und wenn kein Wunder geschieht, ist die Sache verloren. Wir können es bis Sonntag nicht mehr nach Bonn schaffen.

Veronika versucht uns aufzuheitern und das Beste aus der Situation herauszuholen. Aber Lukas macht der Lärm der Autobahn zu schaffen. Er überlegt, ob er nicht zu Carsten fahren sollte, weil er sich nicht vorstellen kann, den ganzen Tag und die Nacht über hier an der Stelle zu verweilen. Carsten könnte ihn abholen, denn seine Familie lebt nicht weit von hier. Ein heiterer Abend bei Bier, Chips und anderen Köstlichkeiten würde auch mich über unsere missliche Lage hinwegtrösten.

Die Schatzsucher

Dann entscheiden wir uns. Veronika und ich bleiben hier. Lukas will sich abholen lassen. Carsten ist bereits informiert und wird am frühen Nachmittag hier ankommen, um ihn mitzunehmen. Genug Zeit, um uns noch etwas auf die Nerven zu gehen. Gegen Mittag kommt eine Reporterin der „Deutschen Welle". Nicht in Form eines Platzregens, sondern mit einer

Schutzhütte nahe Radevormwald

jungen Frau, die über uns berichten will. Sie kommt aus Bonn und ist mit öffentlichen Verkehrsmitteln angereist. Eine Pilgertour sozusagen, denn der Weg führte über Bahn, Bus und letztlich ein Taxi zu dieser entlegenen Stelle. Die Zeit vergeht schnell. Wir schießen ein paar Fotos, dann geht es für sie wieder zurück.

Wir bleiben vorerst hier im Schutz der Hütte sitzen. Dann fällt uns der Himmel auf den Kopf. So viel Regen in so kurzer Zeit habe ich zwar vor eineinhalb Wochen bereits erlebt, doch hier ist es etwas anderes. Ein Schleier aus seidenen Fäden zieht sich über die Fläche und Perlschnüre hängen vom Dach herab. Dann bricht auch Lukas auf. Mit dem Wagen und Carsten.

Veronika und ich richten uns auf einen langen Nachmittag ein. Zum Glück hat Lukas seine Felle hier gelassen, mit denen wir uns zudecken können. Aus Langeweile beginne ich die verbliebenen Hanfseile zu einem Armband zu flechten. Das ist zumindest etwas für den Zeitvertreib, aber auch keine langfristige Perspektive. Ich würde gerne ein paar Erinnerungen aufschreiben, aber wir haben keine Stifte und auch keine Zettel dabei. Später laufe ich unter dem Regen rüber zum See, klaube etwas Schilf zusammen und versuche damit einen Regenmantel zu basteln. Nach zwei Schnittverletzungen, die Dinger sind echt scharf, und einer bis zu den Knien nassen Hose gebe ich auf. So eine Regenjacke wäre zwar praktisch, aber danach benötigte ich wohl erst einmal einen Wäschetrockner, um meine Klamotten wieder trocken zu kriegen.

Ich habe mich gerade erst gesetzt, als ein Hund um die Ecke der Hütte flitzt. Er ist ganz aufgebracht und will sich hier breitmachen. Im Gefolge zwei ältere Herrschaften. Sie setzen sich zu uns, Kaffee und Kuchen im Gepäck. Natürlich bieten sie uns etwas davon an, aber wir lehnen dankend ab. Wenn man so auf einem eng begrenzten Raum sitzt, ist es schwierig, nicht am Leben des anderen teilzuhaben. Daher kommen wir schnell ins Gespräch.

„Gucken Sie mal hier. Kennen Sie das Bernsteinzimmer?" Aus dem Saum seines Mantels fingert der Herr schnell ein Handy hervor.

Das ist zwar nichts, womit ich mich die letzten Jahre beschäftigt hätte, aber das Bernsteinzimmer ist mir ein Begriff. Schnell ist das Versäumnis aufgeholt und wir werden in Kenntnis über die Ergebnisse der letzten Jahrzehnte gesetzt. Wir sind sozusagen mitten drin im Geschehen. Denn unser Besucher ist einer der Bernsteinzimmerjäger, die in Wuppertal nach den Überresten suchten. Wuppertal. Hätte ich nie gedacht oder vermutet, dass es auch in dieser Stadt Anhaltspunkte für das achte Weltwunder gibt. Er zeigt uns ein Video, eine Sendung des WDR zu diesem Thema. In dieser Aufzeichnung ist er selbst sogar mit einem Freund zu sehen.

„Ein Geschenk, so wunderbar und rein, zu Ehren Zar Peter I. Das ist schon lange her. 1716 war das. 300 Jahre später ist das Bernsteinzimmer auch wieder zu bewundern, jedoch als

Rekonstruktion und zwar im Katharinenpalast in Puschkin. Beim Gedanken an das Zeug wird mir etwas wärmer. Nach dem Zimmer sind schon Generationen von Schatzsuchern, Historikern, Kunstgeschichtlern und Hobbyforschern auf der Suche. Gefunden hat es aber bisher noch niemand. Während des NS-Regimes ist es abgebaut und transportiert worden. Mit einem Zug, der verloren ging. Wo, das weiß heute keiner mehr. Es gibt jedoch Vermutungen."

Und da kommen er und sein Freund ins Spiel. Mit seinem rasiermesserscharfen Verstand surfen wir durchs Netz von Videos über Reportagen zu Artikeln, bis mir richtig schwindelig wird. Hund und Frau lauschen gebannt seinen Ausführungen und ich bin irgendwie auch schon ein bisschen vom Schatzfieber ergriffen.

„Hier, das ist von der „Stimme Russlands"."

Der Einfachheit halber lese ich alles durch. Die Fakten beschränken sich darauf, dass das Bernsteinzimmer im Laufe des Herbstes 1941 nach Königsberg gebracht wurde, woraus sich mehrere Vermutungen ergeben.

Bei der Vierten unterbricht mich der Herr.

„Na. Da haben Sie es doch. Genau das ist es."

„Das Bernsteinzimmer hat Königsberg verlassen und wurde außerhalb von Königsberg versteckt?"

„Ja, wissen Sie, wir haben mehrere Jahre versucht, der ganzen Sache habhaft zu werden. In Wuppertal gibt es Unmengen an Bunkern, verborgenen Plätzen und eingestürzten Stollen. Die Organisation Todt hat viele dieser Anlagen aufgebaut. Heute aber erinnert sich natürlich keiner mehr daran. Interessant wird es, wenn Sie sich unserer Theorie zuwenden. Warum also Wuppertal?"

Woher soll ich das denn wissen?

„Ich habe keine Ahnung."

Ihm ist die Freude sichtlich anzusehen und schon sprudelt es aus ihm heraus.

„Wuppertal ist der Geburtsort Erich Kochs."

Erich Koch? Habe ich noch nie gehört. Oder vielleicht doch. Kann sein, dass meine Oma ihn mal erwähnte.

„Der war Gauleiter in Königsberg, kannte sich also bestens aus mit den dortigen Angelegenheiten. Als der erfuhr, dass die Russen im Anmarsch waren, wurde alles eingepackt und nach Wuppertal gebracht. Ist doch klar. Der transportiert den Kram in die Stadt, in der er sich am besten auskennt. Heute ist der natürlich schon tot. Ist wegen seiner Kriegsverbrechen bis zu seinem Ableben in Polen inhaftiert gewesen."

„Wuppertal", höre ich mich sagen.

„Könnte sein."

„Ne, dat is so. Wollt ihr wirklich kein Stück von unserem Kuchen abhaben? Ist lecker."

Das glaube ich. Doch ich lehne dankend ab. Bernstein wurde auch schon vor 7000 Jahren gehandelt. Aus dem Baltikum bis nach überall. Bis heute hat dieses Material nichts von seinem Reiz verloren. Irgendwie mag ich diesen Mann, auch wenn seine Theorien und Ideen etwas abwegig klingen. Aber dadurch wirkt Wissen lebendig. Oft sind es nicht die Erfolge, die uns im Leben weiterbringen, sondern die Fehlschläge, die uns antreiben, um weiterzudenken, zu forschen und zu träumen.

„Haben Sie denn etwas herausgefunden?", frage ich.

„Wissen Sie, wir haben viel gegraben, alles auf den Kopf gestellt. Und dann ging uns das Geld aus. Mein Freund ist weitergezogen. Zu viel Gegenwind hier in Wuppertal. Er versucht sein Glück jetzt in Polen und geht neuen Hinweisen nach. Das wird schon."

Ja, das wird es schon.

„So, jetzt ist es genug. Wir gehen wieder und überlassen euch das Feld."

Ein kurzes Intermezzo, aber gut. Etwas später tritt eine Frau mit einem Hund an ihrer Seite an uns heran.

„Hallo. Darf ich fragen, was ihr hier macht?"

„Aber klar. Wir sind auf dem Weg nach Bonn." Und die Geschichte nimmt ihren Lauf.

„Hab ich es doch gleich gewusst. Also Entwarnung. Ich bin bei der Polizei und bekomme seit gestern Anrufe aus der Gegend, dass sich in diesem Waldstück komische Gesellen aufhalten. Gut, dass ich nachgefragt habe, bevor die Hundertstaffel gerufen wird. Manche Leute sind etwas vorschnell, wenn es um ihr Revier geht."

Das ist ja mal was. Der Tag wird besser und besser. Wir bleiben im Gespräch und erfahren auf diese Weise, dass die Hundebesitzer aus dieser Region ein ziemlich gutes Netz aufgebaut haben. Alle Neuigkeiten machen schnell die Runde, manchmal auch zu schnell. Ich frage mich nur, weshalb uns bisher kein anderer angesprochen hat und erst die Polizei erscheinen muss.

Der Hund ist ziemlich quirlig. Eine Mischung aus Pudel und etwas anderem. Er pflügt den nassen Boden und hinterlässt zahlreiche Spuren. Der Schlamm, der Dreck und der ständige Regen scheinen ihm gar nichts auszumachen. Vielleicht werde ich mir irgendwann auch einmal einen Hund zulegen.

Ein Augenblick der Schwäche

Es ist erfrischend und etwas Besonderes, mit Veronika hier zu sitzen. Wann hat man schon mal Zeit einfach nur zu verweilen, ohne den Stress etwas tun zu müssen. Nur die Kälte macht uns etwas zu schaffen, aber dagegen gibt es wohl momentan kein Mittel.

Gegen Abend wird meine Stimmung jedoch zusehends schlechter. Ich brauche etwas zu essen. Anstatt in meinem Rucksack zu suchen, durchforste ich zuerst mein Portemonnaie, danach mein Handy. Ja, so bitter es ist, bleibe ich auf einer Lieferseite für Essbares hängen. Natürlich nur so, um von etwas träumen zu können. Wie von selbst wähle ich mir Gerichte aus, vergleiche Angebote, zähle noch einmal das Geld in meiner Hand und greife zum Hörer. Ein letztes Zögern, ein schüchterner Blick zu Veronika, dann rufe ich an.

„Hallo, „Pizza-King" hier. Was kann ich für Sie tun?"

Ach, Sie könnten mich abholen, an einen warmen Ort fahren und mich mit tausend Köstlichkeiten bedecken. Mir fällt da einiges ein. Doch ich bestelle nur und versuche auf der Karte einen Ort zu wählen, der für den "Pizza-King" gut anzusteuern ist.

Eine halbe Stunde später stehe ich an der Straße und drücke mich an die Seite eines kleinen Schilds. Es gießt wie aus Kübeln und nach zwei Sekunden im Freien ist meine komplette Kleidung durchgeweicht. Hoffentlich lohnt sich der Aufwand. Ein schlechtes Gewissen habe ich jedoch nicht, nur Hunger.

Ich sehe Autos vorbeifahren. Eines parkt etwas abseits in einer nahe gelegenen Straße, doch nicht hier auf dem Parkplatz, auf dem ich gerade stehe. Ich warte. Eine, zwei, drei, vier Minuten sind bereits vergangen. Fünf endlose Minuten, dann rufe ich an.

„Hey, wo stecken Sie?"

„Ich bin schon seit fünf Minuten da."

Mist, ich habe es geahnt. Doch der rote Flitzer. Ich bin selbst mal Pizza-Taxi gefahren und hätte es besser wissen müssen.

„Ich stehe auf dem Parkplatz gegenüber. Soll ich zu Ihnen rüberlaufen?"

„Ne, bei dem Wetter holen Sie sich dabei den Tod. Ich komme zu Ihnen."

Ich komme mir vor, wie bei einer Lösegeldübergabenummer. Wenn mich jetzt einer sehen würde. Typ mit Leinenhose und Fellen auf dem Oberkörper und zwei Schachteln Pizza sowie einer Dönerpackung in der Hand. Was für ein Bild. Aber egal. Bereits von dem Duft läuft mir das Wasser im Mund zusammen.

Ich sprinte zurück in Gedanken bereits den Döner verzehrend. Den hatte ich schon fast vergessen. Das Beruhigende ist, dass es alles, was ich auf der Pizza oder im Döner sehe, bereits zur Jungsteinzeit gegeben hätte. So mehr oder weniger. Und dann geht alles ganz schnell. Ich öffne die Verpackung und schiebe mir ein großes Stück Teig mit Fleisch in den Mund.

Es ist einfach wunderbar. Veronika lässt sich jedoch nicht überreden etwas davon zu essen. Nach etlichen Genusswellen und einem Gefühl der Völlerei geht es mir besser. Die Pizza stecken wir für morgen ein. Wir denken an Lukas und es ist ein komisches Gefühl, dass er nicht bei uns ist. Später rufen wir ihn an. Er sitzt in der Badewanne, bei wohliger Wärme und in der Gewissheit eines weichen Betts.

Am Abend baue ich uns einen kleinen Lagerplatz. Ich stelle alle Rucksäcke in eine Reihe und sorge somit für einen richtigen Schutz. Dann lege ich alle Felle aneinander. Das Lager sieht wunderbar aus. Ob es etwas taugt, wird sich jedoch noch herausstellen.

Später legen wir uns aneinander. Mir gehen tausend Sachen durch den Kopf, die wir miteinander anstellen könnten, doch nichts davon passiert. Liegt es an mir, liegt es an ihr? Ich weiß es nicht. Es ist kalt. Komisch, wir haben mehr Felle, mehr von allem, aber es ist trotzdem kälter als in den Nächten zuvor.

Tag 13 / 28. August 2015

So nah und doch so fern

Manchmal glaube ich, dass es eine unsichtbare Verbindung zwischen Menschen geben kann. Nicht zu sehen, nicht zu hören, aber zu fühlen. Ich träume von Lukas, träume sogar, dass er auf dem Parkplatz hält, aus dem Auto aussteigt und den schmalen Weg über Schlamm und Matsch zur Hütte nimmt. Ich schaue ihn sogar an, blicke ihm in die Augen und schließe ihn in die Arme. Doch als ich erwache, ist er nicht hier.

„Lukas?" frage ich noch etwas verschlafen. Und dann lauter. „Lukas?"

„Ja, hast du mich gehört? Bin gerade erst angekommen."

Irgendetwas scheint mich darauf gebracht zu haben. Den Wagen konnte ich unmöglich gehört haben und die Schritte, die jetzt erst zaghaft an mein Ohr dringen, können ebenfalls nicht ausschlaggebend gewesen sein. Manche Dinge bleiben geheimnisvoll. Es ist nicht wichtig, allem im Leben auf den Grund zu gehen, was nicht auf Anhieb erklärbar ist. Und so nehme ich diese Erfahrung einfach als etwas Besonderes und Schönes hin. Etwas, das mich mit Lukas verbindet, auf eine ganz mystische Art und Weise.

Es hat aufgehört zu regnen und wir brechen auf, froh wieder auf Wanderschaft zu sein. Wir haben einen ganzen Tag verloren und wissen nun, dass wir die letzten Kilometer nicht mehr aufholen können. Ein Regentag, der meine komplette Situation durcheinanderbringt. Schade, wir hätten es schaffen können.

Erst einmal steht Wermelskirchen auf dem Programm, sodass wir die Entscheidung vorerst aufschieben können. Dort haben wir den nächsten Termin mit einem Reporter. Am Telefon weist er uns schon darauf hin, dass ihm zwar eine Zahn-OP bevorsteht, er uns aber auf jeden Fall danach treffen will.

Ich frage mich, ob das so günstig ist. Mit einer Wurzelspitzen-resektion noch durch die Landschaft zu gurken und Leute zu interviewen ist wahrlich keine Entspannung. Aber das muss er selbst wissen.

Ein seltsames Treffen

Der Weg nach Wermelskirchen ist weit. Neun Kilometer über eine stillgelegte Bahnstrecke. Die Route zieht sich endlos hin. Läufer und Fahrradfahrer ziehen an uns vorbei. Der dunkelblaue Asphalt bringt unsere Füße schnell an den Rand des Möglichen. Er ist einfach zu hart. Veronika bekommt Probleme mit ihrem linken Knöchel. Sie beißt jedoch die Zähne zusammen. Ihr bleibt ja auch nichts anderes übrig.

Die Pausen sind durch Eintönigkeit gekennzeichnet. Selten gibt es etwas, das meine Aufmerksamkeit wirklich fesselt. Nur ein Reh, das gerade mal drei Meter vom Weg entfernt nach etwas Essbarem sucht und uns überhaupt nicht zu bemerken scheint, schafft es für kurze Zeit mich aus meiner Lethargie zu reißen.

Ich krame die Pizzareste aus dem Rucksack und freue mich über Lukas' verdutztes Gesicht. Was für ein Anblick. Wir teilen gerecht, zu zweit. Veronika lehnt auch dieses Mal dankend ab.

Der Rest des Weges verschwimmt im Einklang der Erinnerung. Es geht nur geradeaus bis Wermelskirchen. Doch bis zum vereinbarten Treffpunkt zieht sich die Strecke noch ein ganzes Stück. Vorbei an Industrielandschaft und Menschenansammlungen geht es ins Herz der Stadt. Wir fragen noch einmal nach dem Weg. Zuerst drei Mädchen, dann einen jungen Mann, der etwas verwirrt zu sein scheint. Geradeaus, geradeaus und dann links, obwohl er rechts zeigt. Zugegebenermaßen ist Orientierung auch nicht immer leicht, wie wir am eigenen Leibe erfahren mussten. Dann stehen wir endlich am Busbahnhof. Eigentlich wollten wir uns hier treffen, doch von einem Kameramann oder einer Person, die uns erwartet, ist weit und breit nichts zu sehen. Da klingelt das Telefon.

„Am Bahnhof?" dringt eine schrille Stimme aus dem Off an mein Ohr. „Wieso das denn, wir wollten uns doch in der Innenstadt treffen."

Naja, ich dachte eben, dass der Bahnhof auch in der Innenstadt liegt.

„Kein Problem, ich bin gleich da."

Er schwingt sich in sein Auto und braust los. Zumindest legt er nicht auf und wir kriegen einen Teil seiner Äußerungen über Lautsprecher mit. Und dann sehen wir ihn, beziehungsweise sein Auto, das mit einem Affenzahn auf das Bahnhofsgelände einbiegt. Er hält mitten auf dem Busparkplatz, schlendert locker auf uns zu und macht insgesamt einen konfusen Eindruck. Zwischen Fotos, Fragen und noch mehr Fotos macht er sich ein paar Notizen. Der Wagen steht voll im Halteverbot und blockiert die Buszufahrt. Und natürlich kommt es, wie es kommen muss. Ein Bus fährt ein und bleibt stecken. Wildes Hupen, aufgebrachte Parolen und ein roter Kopf ist selbst in zehn Metern Entfernung zu erkennen.

„Ey, du Arschloch. Fahr die Karre auf Seite."

Nicht gerade die feine Art, aber die Info kommt an.

„Halt den Rand und geh spielen. Wo hast du denn deinen Führerschein gemacht?", kontert unser Reporter. Das geht noch eine ganze Weile so weiter, bis er sich endlich in seinen Wagen bequemt und diesen ein paar Meter weiter abstellt. Natürlich ebenfalls im Halteverbot, jedoch nicht unter akutem Handlungszwang.

„Mach hier nicht den Walli!", ruft er ihm noch hinterher, dann gesellt er sich wieder zu uns. Er macht noch ein paar letzte Bilder und springt dann in seinen Wagen. Erst spät entdecken wir seine Tasche, die im Schatten der Bank steht. Die Narkose scheint immer noch zu wirken.

Wir unterhalten uns mit ein paar jungen Männern, die sich hier auf dem Platz die Zeit vertreiben. Einer davon ist Ali aus Indien. Er selbst erzählt uns, dass er ein Flüchtling sei.

„Lange Reise. Endlich angekommen."

Wir tauschen unsere Nummern aus und machen ein paar Fotos. Wir waren die letzten beiden Wochen richtig abgeschnitten von den Ereignissen und hören erst jetzt, mit welchen Problemen Europa momentan zu ringen hat. Flüchtlinge, die über die Grenzen in unser Land kommen, um hier eine neues Leben aufzubauen. Inder, Afghanen, Iraner, Syrer, Eritreer, Marokkaner. Es sind unzählige Völker, die auf dem Weg sind. Wir würden gerne mehr hören, aber Ali ist erst seit vier Wochen im Land und kann uns mit seinem gebrochenem Deutsch nicht wirklich erklären, was gerade passiert.

Der Weg nach Altenberg führt uns durch ein Tal. Die Straße ist gut und wir kommen besser voran als zuvor. Schaffen werden wir es dennoch nicht mehr bis Köln und als wir an einem Bach vorbeikommen, genießen wir erst einmal ein erfrischendes Bad. Die Sonne scheint und wir sitzen einfach auf der Wiese. Das tut richtig gut.

Bushaltestelle in Wermelskirchen, Begegnungen

Zwischen Wermelskirchen und Altenberg

Wir entscheiden uns dafür, lieber irgendwo hier im Wald zu übernachten und morgen früh nach Köln mit dem Bus zu fahren. Zum Abend hin halten wir die Augen nach einer schönen Schlafstelle offen. Das ist der große Plan. Es soll kalt werden. An einem Berghang machen wir es uns dann schließlich gemütlich. Es ist ein Ort der Stille und wir schlafen zeitig ein. Spät in der Nacht jedoch werden wir unsanft geweckt. Lärm, Partylieder und anderes dringt an unsere Ohren. Und es ist noch viel kälter als gedacht. Ich wälze mich umher und drehe mich in alle Richtungen. Total unkomfortabel. Dann muss ich auch noch pinkeln. In der Kälte ist das überhaupt kein Spaß. Es läuft und läuft und ich frage mich schon, wie viel Liter ein Mensch urinieren kann ohne auszutrocknen. Vielleicht ist das ja schon mal im „Guinness Buch der Rekorde" vermerkt worden. Ansonsten hätte ich meinen Hintern drauf verwettet, dass das hier gerade eine neue Marke setzt. Zurück am Schlafplatz höre ich Veronika lachen: „Ich dachte, es hört nie wieder auf. Das waren bestimmt drei Liter. Wo kommt das denn bloß her?"

„Hab wohl den halben Bach verschluckt", ist alles, was ich hervorbringe, bevor ich entschlummere.

Tag 14 / 29. August 2015

Die letzte Herausforderung

Früh morgens stehen wir auf. Heute wartet eine Bustour, die wir uns gerne erspart hätten. Aber das ist nun nicht mehr zu ändern. Es rauschen in kurzer Zeit unheimlich viele Gedanken durch meinen Kopf. Wir haben uns vorgenommen zum Hauptbahnhof zu fahren, dort auszusteigen und dann den Weg am Kölner Dom vorbei zum Römisch-Germanischen-Museum (RGM) zu nehmen. Ungeachtet der Passanten, der Reporter und der Schaulustigen, die vielleicht auf uns warten. „Ötzi goes Bus" oder „Mit dem Bus in die Jungsteinzeit". Zwar ein blödes Gefühl, doch meine Stimmung ist ohnehin schon tiefer gesunken, als mir lieb ist. Warum hatte es auch den ganzen Donnerstag über regnen müssen?

Egal. Die Bushaltestelle versorgt uns mit Informationen, gibt uns Input. Abfahrt- und Ankunftszeit passen, sodass wir pünktlich vor dem RGM stehen müssten. Da klingelt das Handy. Simon ist am Apparat.

„Moin Simon."

„Hey, habt ihr schon einen Plan für den Tag?"

„Wir nehmen gleich den Bus zum Hauptbahnhof."

In diesem Moment ändert sich die Stimmung von freundlich zu unbestimmt abgeneigt. Die Pause wird immer länger und ich höre es förmlich rattern am anderen Ende des Apparats.

„Hauptbahnhof. Du meinst Köln, oder? Gibt es da keine andere Möglichkeit?"

„Wir haben alles schon durchgespielt. Falls wir früher aussteigen, sind das fünf Kilometer mehr. Und dann wollen wir nachmittags noch etwa 20 Kilometer zurücklegen. Das ist sehr viel für zu wenig Zeit."

„Aber mit dem Bus am Hauptbahnhof vorzufahren ist ehrlich gesagt komisch. Wenn die Presse euch so sieht, ist das nicht gerade ein Aushängeschild."

Ich weiß. Darüber habe ich mir heute Morgen schon den Kopf zerbrochen. Aber Veronika und Lukas haben überhaupt keine Lust noch zusätzlich Strecke zu machen. Zudem sind ihre Füße ziemlich in Mitleidenschaft gezogen.

„Wir sind ziemlich im Eimer, Simon."

„Ihr macht das schon. Entscheidet so, wie ihr es für richtig haltet."

Dann ist das Telefonat vorbei und ich habe keine Ahnung, was ich darüber denken soll.

Der Bus rauscht heran, wir steigen ein. Die nächsten 50 Minuten gibt es so gut wie gar keine Kommunikation. Das einzige Geräusch ist das monotone Tackern des Motors und das Knistern von Tageszeitungen. Viele der Mitreisenden blicken tief in ihre Morgenlektüre. Das ist eine Sache, die ich nicht könnte. Das Auf und Ab im Bus, die ständigen Kurven, all das würde mich ziemlich durcheinanderbringen und vor allem meinen Magen überfordern.

Wir nähern uns der Stadtgrenze und dann sind wir da. Erst Bergisch, dann Vorort und dann müssen wir uns entscheiden. Ich steige einfach aus. In Mülheim, der letzten Station vor dem Kölner Hauptbahnhof. Veronika und Lukas fallen hinterher. Die Nerven liegen wieder einmal blank. In solchen Fällen ist es manchmal besser nicht zu reden, sondern einfach nur zu handeln. Reden hätte ohnehin keinen Sinn mehr. Der Bus ist gerade wieder abgefahren.

Über den Rhein

Wider Erwarten ist die Strecke am Rhein entlang sehr angenehm zu gehen. Es ist ruhig und bereits zu dieser Uhrzeit spürbar warm. Vorgelagert dem Rhein liegt rechtsrheinisch eine kleine Insel. Partybusse, Dixi-Klos und ein Berg voller Müll künden davon, was hier letzte Nacht passiert ist. Da scheint eine Feier abgegangen zu sein. Eigentlich eine gute Idee. Umzugswagen gemietet, alles Mögliche an Möbeln reingeräumt und dann runter zum Rhein. Hier steht wirklich alles rum. Sofas, Sessel,

Kleiderständer, Kühlschränke, Hängematten, Biertische, Teppiche, Klositze (leider kein Toilettenpapier), all das, was man für eine gute Party eben so braucht. Und die Gäste liegen immer noch zerstreut dazwischen. Fürs Feiern haben wir jedoch heute keine Zeit. Der einzige Antrieb ist das RGM und morgen dann Bonn. Vorbei an Tanzbrunnen und der Kölner Messe kommt nun endlich die Hohenzollernbrücke in Sicht.

Und dann geht es darüber hinweg. Es ist schön und ich stelle mir vor, wie es gewesen wäre mit dem Bus direkt zum Hauptbahnhof zu fahren. Nach vier Kilometern hat man sich zumindest einen Teil der Ankunft verdient. Die Hohenzollernbrücke kenne ich sehr gut. Ich nutze sie fast täglich, um meiner zweiten Profession als Stadtbilderklärer nachzugehen. Jetzt, in Ötzi-Montur und nach 13 Tagen des Wanderns, ist es anders als gewohnt. Wir begegnen vielen Touristen zwischen Triangel Tower und Wilhelm I. Der südöstliche Brückenkopf ist aber

Blick auf den Kölner Dom

auch ein guter Punkt, um Fotos zu schießen. Zwischen Deutz und Altstadt kann man alles überblicken, was gut aussieht und sehenswert ist. Die Philharmonie, den Rathausturm, die dicke Kirche Groß Sankt Martin und natürlich den Dom. All das steht schon ziemlich lange hier und hat auch schon viel erlebt. Doch die ersten Siedler, die den Rhein erreichten, hatten ein anderes Bild vor Augen. Alles muss jenseits der Flussaue mit Lindenwald bedeckt gewesen sein. Ab und an eine Eiche oder Eschen und Ulmen in Ufernähe. Mann, das kommt mir so unglaublich vor. Der Rhein war bereits hier, zwar nicht so geradlinig wie heute, aber auf jeden Fall schon vorhanden. Er fächerte breit über die Landschaft, teilte sich und verband sich wieder. Ein riesiger Strom, weit und scheinbar unüberwindlich. Es muss einen Übergang gegeben haben. Eine Furt, eine Stelle mit seichtem Wasser und langsamer Fließgeschwindigkeit. Doch dieser Punkt lag nicht hier, sondern sehr wahrscheinlich in anderer Richtung, zwischen Eitorf und Hennef. Die alte Verbindungsstraße, die auch bei den Römern Erwähnung findet. Sanft genug um einen sicheren Übergang zu ermöglichen und in direkter Nähe zur Siegmündung.

Mit einem Boot wäre die Überquerung natürlich überall denkbar gewesen. Von der einen zur anderen Seite – mit ein wenig Abtrieb ist das kein Problem. Und auch Boote und Paddel gab es schon in der Jungsteinzeit. Bereits in römischer Zeit existierte eine Brücke. Wahnsinn, dass die so etwas drauf hatten. Sie haben einfach Eichenstämme ins Rheinbett getrieben und dann Planken darübergelegt. Wahrscheinlich war das ein eher gefährliches Unterfangen. Aber die Legionäre, die entweder im Einsatz oder im Lager waren, kannten die Abläufe, da es immer und überall etwas zu bauen gab. Später dann, nach Verfall dieser Brücke, ist zuerst eine Fähre und später eine Pontonbrücke benutzt worden. Diese bestand aus mehreren Booten, die aneinandergereiht wurden. In der Franzosenzeit kam eine sogenannte Guirponte zum Einsatz. In der Mitte des Rheins lag eine Art Anker. Ein fester Punkt, der tief ins Bett getrieben wurde. Zwei Seile gingen davon ab, von denen eins an den Bug, das andere an das Heck eines Schiffes gebunden wurde. Durch Verkürzen der jeweiligen Stränge konnte die Stellung des Gefährts im Wasser dann so verändert werden, dass es von ganz allein durch den Strom zur einen oder zur anderen Seite steuerte.

Die zuerst Dombrücke genannte heutige Hohenzollernbrücke änderte natürlich alles und ähnelt eher dem römischen Vorbild als den mittelalterlichen und frühneuzeitlichen Übergangslösungen.

„Marco. Träum nicht rum. Wir müssen weiter."

„Alles klar."

Während wir gehen, kommt mir das 1914 von Ernst Stadler veröffentlichte Gedicht „Fahrt über die Kölner Rheinbrücke bei Nacht" in den Kopf. Und während wir die Brücke queren, sind mir die Verse präsenter denn je. Sie erfüllen mich bei jedem meiner Schritte und als der erste Zug von Osten heranrauscht, kann ich kaum an mich halten, um die Verse nicht laut zu sprechen.

Es ist ein ernstes Gedicht, voller bezwingender Dynamik und es spiegelt ein wenig den Zahn der Zeit wider: das durch die Industrialisierung beschleunigte Leben voller Neuheiten und aufregender Erfindungen. Doch Veränderungen haben immer ihren Preis. Entweder man lässt sich mitreißen oder man bleibt auf der Strecke.

„Mann, Marco. Was ist denn los. Wir müssen weiter."

Lukas zieht mich voran und ich erkenne, dass wir gerade mal ein Drittel der Brücke bestritten haben. Bevor wir weitergehen, stoppe ich jedoch erneut. Den Blick nach rechts zu den Schienen gerichtet, sehe ich Tausende von Schlössern, die Seitenwände der Hohenzollernbrücke säumen. Es sollten mehr als 200 000 sein und wahrscheinlich wiegen sie alles in allem über 20 Tonnen. Viele Paare kommen hierher, um ein Schloss mit ihren Initialen aufzuhängen. Ich überlege mir, ob wir nicht auch etwas aufhängen sollten. Das habe ich bisher noch nicht gemacht. Ein Lederband ist vielleicht nicht schlecht. Und tatsächlich schaffe ich es, ein Lederbändchen von meinem Rucksack abzuzupfen, ohne dass der Rest direkt zerfällt. Eine passende Stelle ist auch schnell gefunden. Passende Stelle ist vielleicht übertrieben. Hier passt eigentlich jede Stelle. Wir fassen das Bändchen nochmal alle zusammen an. Dann hänge ich es auf und mache einen Knoten. Witziges Gefühl. Zwar gibt es keinen Schlüssel, den wir ins Wasser werfen könnten, aber wir planen ja jetzt auch nicht unbedingt immer in Ötzi-Montur zu bleiben.

In guten wie in schlechten Zeiten
Ich frage mich, wer alles am RGM auf uns warten wird. Wir haben niemandem Bescheid gegeben, wann genau wir einlaufen, hoffen aber, dass es zeitlich passt. Am linksrheinischen Brückenkopf werden wir bereits in Empfang genommen. Mitarbeiter vom RGM stehen schon bereit und stellen uns die ersten Fragen. Das Motto des Tages lautet „Ötzi meets presence". Die Fotografen sind ebenfalls mit von der Partie. Dann biegen wir am Museum Ludwig und der Dombauhütte ab und sind auf der Zielgeraden.

Schon von Weitem erkenne ich sie: meine Familie. Patenonkel, Patentante, Cousin und seine Frau mit Kindern sind da und erwarten uns. Das ist ein unbeschreibliches Gefühl und ich freue mich sehr darüber. Lukas wird von Christiane erwartet, seiner Freundin. Doch bevor wir uns so richtig auf alles einlassen können, ist erst einmal ein Fotoshooting angesagt. Es geht Schlag auf Schlag, keine Zeit zu verschnaufen. Erst Fotos vor dem Dom, dann rein ins Museum für ein paar Interviews. Fragen und Fotos bestimmen die Zeit. Ein paar kurze Worte, ein bisschen Austausch, dann zieht meine Familie auch schon wieder weiter. Doch das Gefühl der Nähe bleibt.

Christiane wird uns den Rest der Strecke begleiten und Lukas freut sich wie ein Schneekönig. Schön, dass auch er endlich seine Freundin bei sich weiß. Wir haben Hunger, wollen aber nicht direkt hier vor Ort essen. Wir verschieben also unsere Mittagspause auf später.

Von hier aus liegen noch genau 30 Kilometer zwischen uns und dem Ziel. Das sollte zu schaffen sein, obwohl uns die Knochen und Gelenke schon gehörig schmerzen.

Vorbei am Fischmarkt, der Deutzer Brücke und dem Schokoladenmuseum gelangen wir zum Rheinauhafen. Moderne Häuser, Wohn- und Büroräume stehen im Einklang mit dem alten Hafenamt oder dem großen Herkules: ein Kran, der vor

Ein Lederbändchen für die Hohenzollernbrücke

vielen Jahren die Lasten von den Schiffen auf Transportwagen hob. Er hat damals auch den dicken Pitter heben dürfen, der heute als größte Glocke im Kölner Domensemble läuten darf. Das waren noch Zeiten!

Es ist heiß und im weiteren Verlauf des Weges gibt es so gut wie keinen Schatten. Morgen ist es also vorbei. Ob ich mich darauf freuen soll, ist mir momentan gar nicht so klar. Natürlich sehe ich einer Dusche, ordentlichem Toilettenpapier und einem warmen Bett mit Freude entgegen. Aber der Rest wird mir fehlen. Kein Gedanke an meine Zukunft oder an irgendwelche Projekte, nur der Gedanke an meine Familie, meine Freunde, mehr bräuchte ich nicht, um glücklich zu sein. Totale Entspannung. Geistig zumindest.

Wir halten öfter an, um etwas zu trinken, obwohl sich unsere Vorräte sehr schnell dem Ende neigen. Die Strecke ist öde, unsere Knöchel und Füße schmerzen und die Motivation ist gleich null. Es geht so weit, dass Veronika überlegt, den Rest der Strecke mit dem Bus oder dem Taxi zurückzulegen. Doch mein Kopf macht mir oder besser gesagt Veronika und Lukas einen Strich durch die Rechnung. Denn Aufgeben kommt für mich an diesem Punkt nicht infrage. Wir haben vorgestern einen ganzen Tag verloren. Jetzt will ich wenigstens die letzten Kilometer nach Bonn durchlaufen. Wäre auch gelacht, wenn das nicht funktioniert. Veronika jedoch ist schockiert über meine Engstirnigkeit. Sie würde das letzte Stück gerne aussparen und hat auch einen triftigen Grund dafür. Ihr Fuß ist hinüber, schon seit geraumer Zeit. Die Hitze und die Eintönigkeit der Strecke setzen ihr vermehrt zu. Doch sie würde niemals allein fahren und hofft auf unser Verständnis. Zwar weiß ich, dass der schlimmste Teil der Strecke uns noch bevorsteht, doch ich bleibe stur. Ich werde jetzt ganz gewiss nicht aufgeben, auch wenn das dicke Luft bedeutet.

„Wir gehen weiter und ziehen das jetzt durch."
Wenn wir dachten, dass die Strecke bis hierher schon schlimm war, wird es jetzt noch beschissener. Vom Regen in die Traufe. Wesseling, Industrie und brennender Asphalt. Es ist eine Tortur. Jeder Schritt eine Qual. Die Luft ist dreckig und die Autos geben uns den Rest. Wir sind durch Herne und Bochum gelaufen, haben einen Teil Kölns durchquert und auch

Zu viert am Rheinauhafen

wenn ich dazu verdammt wäre, die gesamte Strecke noch einmal zurückzulegen, würde ich das liebend gerne tun, nur um das Industriegebiet von Wesseling aussparen zu können. Doch jeder Schritt führt uns näher an Bonn heran. Jede Sekunde kommen wir unserem Ziel näher. Und auch wenn ich gerade nichts außer Dreck einatme und die Sonne mir die letzten Hirnzellen aus den Poren brennt, ist das ein wunderbarer Antrieb.

Wie wir es letztlich schaffen, weiß ich nicht. Doch wir kommen wieder an den Rhein und lassen den Moloch hinter uns. Ich hätte niemals gedacht, mal einen Ort zu finden, auf den dieses Wörtchen passt. Aber Wesseling kommt ganz schön nahe ran.

Wir gelangen in die Nähe einer geeigneten Schlafmöglichkeit. Und da wir morgen nur noch etwa 15 Kilometer vor uns haben, bleiben wir auch. Mir tut wirklich alles weh und ich hätte große Lust einfach ins Wasser zu springen. Doch die Strömung des Rheins bereitet mir immer etwas Sorge. Also gehe ich runter ans Ufer und stelle mich nur bis zu den Knien

hinein. Veronika leistet mir Gesellschaft. Zwei Wochen durch
NRW in Ötzi-Kleidung und Lederschuhen, das muss uns erstmal jemand nachmachen. Dass Veronika durchgehalten hat,
freut mich sogar mehr als alles andere.

Auf der anderen Rheinseite sind alte Fabrikanlagen zu sehen. Langsam setzt das Dämmerlicht ein und wir machen
es uns in unseren Schlafsäcken gemütlich. Je später es wird,
desto mehr Lichter erhellen die riesigen Stahlkonstruktionen
und tauchen die Landschaft in ein unwirkliches Licht. Es ist
die wärmste Nacht überhaupt. Der Rhein wirkt wunderbar
friedlich und ich entschlummere sanft in Gedanken an Wasser
und das beruhigende Rauschen der dahinziehenden Träume.

Industriegebiet Wesseling

Letzte Nacht kurz vor Bonn

Tag 15 / 30. August 2015

Ankunft zu Hause

Wir werden wach und freuen uns über den neuen Tag. Die letzte Nacht unseres Abenteuers ist vorüber. Sebastian Tittelbach vom WDR erwartet uns bereits und wird uns auf den letzten Metern begleiten. Ein Klacks. Wir sollen erst gegen 15 Uhr am LVR-LandesMuseum Bonn sein. Viel Zeit und noch mehr Muße.

Während wir in Richtung Bonn ziehen, umringen uns plötzlich Menschenmassen. Zuerst denke ich, dass es eine Überraschung für uns sein soll, doch schnell stellt sich heraus, dass hier eine ganz andere Veranstaltung läuft.

„Bald ist es so weit. Genießen Sie die Sonne, das Rheinpanorama und ein kühles Kölsch ... Aber wer ist denn da?"

Die Lautsprecherstimme übertönt hier alles und langsam wenden sich uns die Blicke der Masse zu.

„Mensch, über euch hab ich doch was gelesen. Leute, besorgt mal ein paar Getränke. Das sind die Ötzis."

„Vielen Dank. Wasser wäre super", doch unser Vorschlag findet kein Gehör. Und kurze Zeit später werden uns vier Kölsch gereicht.

„Hier beim Karnevalsverein-Charity-Rennen gibt es ein Highlight vorab. Die Ötzis sind gerade eingewandert. Wie lange wart ihr nochmal unterwegs?"

„Zwei Wochen. Heute ist unser letzter Tag."

Das ist also eine Charity-Veranstaltung. Zumindest habe ich so viel schon mal verstanden.

„Mensch, das ist ja Wahnsinn. Begrüßt mal unsere mutigen Wanderer. Warum macht ihr das nochmal? Fürs Museum, oder?"

„Ja, genau ..." Unsere folgenden Sätze gehen im heillosen Durcheinander der aufgeregten Leute unter, die uns munter drauflos kreuz und quer Fragen stellen und uns umringen. Ich genehmige mir das Bier und hoffe, dass es mir nicht zu Kopfe steigen wird.

„Toll, euch gesehen zu haben. Obwohl das Kölsch wahrscheinlich eher unauthentisch ist, oder?" Ich versuche erst gar nicht eine Antwort zu geben. Ohne Verstärkung ist dies ein hoffnungsloses Unterfangen. Also hebe ich mein Glas und proste den Leuten hier aufmunternd zu. Das ist unmissverständlich und wird ringsherum freudig beantwortet.

Dann geht es weiter den Rhein herauf. Mit fünf Litern Bier im Blut hätte ich jetzt bestimmt weniger Schmerzen, würde aber den Rest des Tages dem Mikrofon-Mann Gesellschaft leisten. Viele Menschen sind unterwegs. Familien mit Kindern und ihren vierbeinigen Freunden.

Die Zeit vergeht im Fluge und so stellen wir mit Erschrecken fest, dass wir in etwa einer halben Stunde von Herrn Tittelbach und seinem Team erwartet werden. Wir nehmen die Beine in die Hand und treffen kurze Zeit später auf die Wartenden. Während unserer letzten Schritte begegnen uns viele Menschen, die von Herrn Tittelbach und dem Kamerateam interviewt werden. Einige kennen uns nicht, andere haben bereits von uns gelesen. Eine Frau mit ihrer Familie ist ganz aus dem Häuschen. Sie war vor kurzem beim richtigen Ötzi in Bozen und hat einiges zu erzählen. Sie testet sogar unsere Klamotten, zieht sich den Rucksack mit Fell an und fragt uns nach unserer Verfassung.

Dann geht es weiter mitten durch die Stadt und letztlich zum Museum. Pünktlich laufen wir ins Ziel ein und werden mit einem riesigen Beifall begrüßt. Viele sind da, um uns zu empfangen, Simon und seine Familie, meine Mutter und auch Thorsten und Anke, unsere Freunde mit ihrem kleinen Sohn. Sie haben einen Präsentkorb mitgebracht. Neben Malzbier etwas zum Essen und Süßes, Chips und auch Klopapier, das mir ganz besonders gefällt. Es gibt etwas zu trinken, Gutscheine fürs Museumsrestaurant und viele Hände, die uns willkommen heißen.

Einlauf am LVR-LandesMuseum Bonn

Alle sind wohlauf. Wir gehen ins Gebäude hinein, wo ein Empfang aufgebaut ist. Zwar stinken meine Klamotten, aber das ist mir egal, denn zwei Wochen Wanderung sind eigentlich relativ gut an uns vorbeigegangen. Die Ausstellungsvorbereitung läuft immer noch auf Hochtouren. Simon ist die Anspannung anzumerken, aber es ist alles auf einem guten Weg.

Wir kehren ins Museumsrestaurant ein. Ich bestelle mir natürlich das Steinzeitmenü und beobachte derweil die anderen Gäste im Restaurant, die schon ihre gefüllten Teller genießen. Meine Mutter ist mit von der Partie, was mich ganz besonders freut. Es ist ein feuchtfröhlicher Abend in seliger Geselligkeit.

„Ich werde euch nach Hause fahren." Meine Mutter ist einfach die Beste. Ein Glück, ich dachte schon, dass wir die Strecke laufen müssten. Doch überkommt mich bei ihrem Angebot ein seltsames Gefühl. Zu Hause, wo ist das eigentlich? Eigentlich ein Ort, an dem man sich wohlfühlt. An dem sich alles Wichtige befindet, was zum Überleben gereicht. Was aber, wenn die wichtigsten Dinge immer im Gepäck sind und das zu Hause der Ort ist, an dem ich gerade verweile? Hier bei meiner Familie, meinen Freunden und den Menschen, die mir am meisten bedeuten. Zu Hause wäre dann ein Platz in meinem Herzen an einem unbestimmten Ort.

Epilog

Die Zeit verging schneller, als ich für möglich gehalten hätte. Zwei Wochen voller Erinnerungen, einen Monat reich an intensiver Vorbereitung und ein halbes Jahr mit Erwartungen, die sich nun endlich erfüllen.

Heute, eine Woche nachdem wir zurückgekehrt sind, wird die Ausstellung eröffnet. „Revolution Jungsteinzeit", die Archäologische Landesausstellung Nordrhein-Westfalen. Knapp

800 Menschen sind gekommen, um dieser Feierlichkeit beizuwohnen. Wissenschaftler, Presse, Interessierte und Studenten. Alle sind hier, um sich eines zu vergegenwärtigen. Was vor 7000 Jahren geschah, was diese Ausstellung zeigt, stellt einen der größten Umbrüche in der Menschheitsgeschichte dar. Ackerbau, Viehzucht, Siedlungsbau, Handel und Wirtschafts- sowie Bevölkerungswachstum bestimmten das Leben. Der Mensch wurde zum Gestalter, zum Träumer, zum Schöpfer und legte den Grundstein unserer heutigen Zivilisation – mit allen Konsequenzen, Vorteilen und Nachteilen.

Ich stecke noch immer in den Erlebnissen der letzten drei Wochen. Es scheint fast so, als wäre bei mir alles beim Alten geblieben, doch in Wahrheit ist es ganz anders. Ich habe mich verändert. Zwar nicht zum ersten Mal in meinem Leben, doch tief greifender als zuvor. Unterwegs im Wald, auf Wegen und Straßen mit geliebten Menschen und einer inneren Zuversicht – das hat mich geerdet, entschleunigt und mir erneut gezeigt, dass das Leben mehr ist als nur ein Wettlauf mit der Zeit. Oft findet man das Glück an unverhoffter Stelle, auch wenn es ab und an von Sorgen überschattet wird. Wenn ich eines gelernt habe, dann, dass es wichtig ist, in einer sich immer schneller drehenden Welt den Weg zurück zu den Wurzeln zu finden und nicht zu vergessen, dass wir nicht mehr sind als das Ergebnis einer langen Geschichte mit vielen Irrwegen und Kreuzungen. Richtig oder falsch ist oft gar nicht der springende Punkt. Vielmehr sind es der Mut zum Scheitern und das Vertrauen auf Familie, Freundschaft sowie die Kraft in sich selbst, die unser Leben bereichern.

Weitere Informationen zur Jungsteinzeit
im Katalog der Landesausstellung:

T. Otten et. al. (Hrsg.) Revolution Jungsteinzeit. Archäologische Landesausstellung Nordrhein-Westfalen. Schriften zur Bodendenkmalpflege in Nordrhein-Westfalen Band 11,1 (Darmstadt ^{2}2016)

Danksagung

Leere Seiten zu füllen ist leichter als man denkt. Doch ein geschriebenes Buch ins richtige Format zu bringen, erfordert Durchhaltevermögen und die unermüdliche Unterstützung seitens der Familie, der Freunde und vieler anderer wohlwollender Menschen. Ohne diese Hilfe bliebe das Buch nichts weiter als eine irgendwann verblassende Erinnerung auf einem externen Datenspeicher. Und auch wenn diese Worte den Eifer der „Nichtaufgebenwollenden" und der „Gutzuredenden" keinesfalls aufwiegen, ist es dennoch ein Versuch, meinem Glück über das Leben und Wirken mit diesen Menschen Ausdruck zu verleihen.

Als Erstes danke ich meiner Frau Veronika und meinem Freund Lukas für die unvergessliche Zeit, die wir während der Vorbereitungen und der Wanderung zusammen verbracht haben. Ohne sie hätte ich sicher nicht den Mut für dieses Projekt gefunden und auch nicht die Kraft, es durchzuhalten.

Des Weiteren danken wir:
Insbesondere Simon Matzerath, der unermüdliche Quell und Antrieb dieses Projekts. Ohne ihn hätte es keinen Ötzi-Walk gegeben und sicherlich auch kein Buch.
Herrn Prof. Dr. Michael Schmauder, für sein Vertrauen in uns und die Unterstützung des Projekts.

Dem Landschaftsverband Rheinland, der den Ötzi-Walk gefördert hat. Dem Ministerium für Bauen, Wohnen, Stadtentwicklung und Verkehr des Landes Nordrhein-Westfalen, hier Herrn Dr. Thomas Otten, das das Buch finanziert hat.
Stephanie Müller für seelische Unterstützung und professionelles Marketing, Dr. Anne Segbers für den besten Eintopf unseres Lebens.
Dem Lippischen Landesmuseum für einen gelungenen Auftakt in das Projekt, dem Freilichtmuseum Oerlinghausen für die Auf-

nahme bedürftiger Wanderer und dem LWL-Museum Herne für eine aufschlussreiche Pause.

Dem Teutoburger Wanderverein für Begleitung zum und fundierte Aufklärung über das Hermannsdenkmal.

Dem WDR, der das Projekt mit wirksamen Film- und Radioübertragungen unterstützte. Besonderer Dank gilt hier Kolja Selker und Sebastian Tittelbach für wirklich gelungene Fernsehdokumentationen.

Frau Pluwatsch für unterhaltsame Stunden rund um die Externsteine und eine engagierte Berichterstattung.

Herrn Thomas Mader für viele neue Anregungen rund um das Leben in und mit der Natur.

Frau Florentine Dame und der dpa, da sie den Stein für den Ötzi-Walk wohl erst so richtig ins Rollen brachten.

Herrn Andreas Fasel für gesellige Stunden und eine spannende Geschichte.

Dem Sender Phoenix für die zündende Idee zum Buch. Frau Bleiker für eine wohltuende Unterbrechung eines sehr verregneten Tages.

Dem Römisch-Germanischen Museum für einen herzlichen Empfang in Köln.

Frau Kerstin Goldbach und dem J.P. Bachem Verlag danken wir für das Vertrauen in dieses Buch sowie Frau Brigitte Lotz für eine verständnisvolle Korrespondenz bezüglich des Lektorats.

Wir danken auch allen Fotografen, die während der Wanderung so viele für uns wertvolle Bilder geschossen haben.

Ein herzlicher Dank gilt Frau Dr. Mária Béres und dem Koszta József Múzeum für die Bereitstellung von Bildmaterial.

Und nicht zuletzt meiner Mutter, Renate Wickert, und meinem Freund, Thorsten Krause, danke ich für das richtige Format, für viele Stunden des Korrigierens und für Nerven wie Drahtseile, wenn es darum ging, in der Auseinandersetzung mit meiner etwas unkonventionellen Rechtschreibung und Zeichensetzung die Ruhe zu bewahren.

Danke euch allen und bis zum nächsten Projekt!

Marco Hocke

studierte in Köln Ur- und Frühgeschichte sowie Afrikanistik. Als begeisterter Weltenbummler reiste er zusammen mit drei Freunden als Gaukler und Spielmann durch Europa und besuchte zahlreiche Ausgrabungsstätten. Heute arbeitet der ambitionierte Archäologe als Stadt-, Natur- und Landschaftsführer.